図録 性の日本史

第三版

笹間良彦

図録 性の日本史 目次

第一部 古代編

第二部 中世編

第三部　近世編

第四部　近代編

第五部　現代編

〈第三版〉刊行にあたりましては、二〇〇二年刊行〈増補版〉を底本とし、できる限り原文を尊重しつつ明かな誤字や誤記載を正し、より読みやすい書籍となるよう再編集いたしました。

なお、本文中、今日の観点から一部不適切な表現が見受けられますが、著者執筆時の時代的背景などを考慮し、原文通りといたしましたこと、御了承願います。

（雄山閣編集部）

第一部　古代編

一　天地の始まり（『日本書紀』）

『日本書紀』巻第一　神代上《かみよのかんのまき》に

伊弉諾《いざなぎ》尊伊弉冊《いざなみ》尊立於天浮橋之上共計曰底下豈無國歟迺以天之瓊矛《ぬぼこ》指下而探之是獲滄溟其矛鋒滴瀝之潮凝成一嶋名之曰磤馭盧《おのころ》嶋

とあり、『古事記』上巻にも

故二柱神立天浮橋而指下其沼矛《ぬぼこ》以書者鹽許袁呂許袁呂邇畫鳴而引上時自其矛末垂落之鹽累積成嶋　是淤能碁呂《おのころ》嶋

と同様記事がある。日本国土を誕生させた二神は、高天《たかまが》原に住んでいる伊弉諾尊と伊弉冊尊（『古事記』では伊邪那岐命《いざなぎのみこと》と伊邪那美命《いざなみのみこと》）が地上に国土を作ろうと、先ず天の浮橋（虚空に浮いている橋）の上に立って、雲霧立ち籠める下界に国はないかと、天《あま》の瓊矛（天上界の神の持っている矛、瓊は玉であり、丹《に》で赤い色をもいい、矛はフロイトの説を待つまでもなく往々にして聳立《しょうりつ》した男根を意味する。後世男根を珍矛《ちんぼこ》・珍宝《ちんぼう》等という）を天から下界に挿しおろして攪拌して引き上げたら塩水が滴垂《したた》り、それが固まって島となったので、これを磤馭盧島《おのころじま》と名付けたというのである。

古来男性は陽で天、女性は陰で地、天地合体（陰陽合体）して物が生まれる。

天地の始まりの序曲で、二神が国生みするときに足場とする土地を得ようとして探したというので、これが陰陽合体の始まりであるが、本来は神としての男女の合体ではなく、天と地の合体である。

天の瓊矛の先から滴り落ちた塩水が、やがてどろりとして固まり島となったという表現も、はなはだ意味深長である。

天の浮橋という不安定な空間から、雲霧籠める暗冥《あんめい》の下界を探るというのは陰陽合体の模索の状態を意味し、未だ完全に合体したのではなく、天と地を繋ぐための物を創作しようとしている段階である。

天地の始まり

二　国生みの媾合《まぐわい》〈美斗能麻具波比《みとのまぐはひ》〉（『日本書紀』）

伊弉諾尊と伊弉冊尊は先ず磤馭盧島を作って、地上の基地としたが、島の中央には天と地を繋ぐ巨大な柱があり、これを天《あま》の御柱《みはしら》と呼んだ。天地を繋ぐルートであり、これが国生みする拠点となる。『日本書紀』に

汝身有何成耶　對日吾身有一雌元之處　陽神曰吾身亦有雄元之處思欲以吾身元處合汝身之元處

とある。伊弉諾尊が先ず伊弉冊尊に向かって「貴女は立派な肉体となっていますか」ときくと伊弉冊尊が「わたしには女性としての根本部分を備えています」というので、伊弉諾尊が「自分にも男性特有のものを持っている。それなれば女性特有の部分と男性特有の部分を合わせて補い合って国を生もうではないか」といった。

これを雌元《めのはじめ》（ここがあるから女性として認められる部分）と雄元《おのはじめ》（これがあるから男性と認められる部分）と表現しているが、『古事記』では「吾身者成々不成合處《あがみはなりなりてなりあわざるところ》」があると伊邪那美命に言わしめ、伊邪那岐命は「我身者成成而成餘處《わがみはなりなりてなりあまれるところ》」と記している。

つまりイザナミノミコトは「わたくしは立派に成人しましたが、男性の肉体より一つ足りない所があります」、またイザナギノミコトは「わたしは立派に成人したが女性より一つ余分に出っ張った部分がある」と言う。この足りない部分と、余分な部分を合わせれば、ちょうど良いのではないかと媾合（みとのまぐわい）を行うことになった。陰陽合体して国や子孫（神々）を生もうというのである。

神々は天地の合体は出来ても、肉体の合体は祖神である天御中主神《あめのみなかぬしのかみ》も教えてくれなかったので、陰（凹）に陽（凸）を埋め合わしても、どうやって国や子孫を生み出すための行動をとって良いかわからなかった時に、鶺領《せきれい》という鳥が

国生みの媾合《まぐわい》

飛んで来て尾をぴくぴく上下させた。それで合体したら、あの様に上下させれば良いということに気が付いた。

そこで二神は天の御柱を右と左りに別れて廻って、めぐり合った所で媾合《こうごう》したが、最初はイザナミノミコトが右から廻って顔を合わせた時に声をかけたのでうまく行かず、未熟児が生まれたので海に流した。次に逆の廻り方をしてイザナギノミコトが先に声をかけたら、うまく行き、日本国の島々や、山川草木、天照大神、月読《つきよみ》尊、素盞嗚《すさのお》尊を生んだという、媾合の最古の歴史である。

三 天鈿女命《あめのうずめのみこと》の露出踊り（『日本書紀』）

伊弉諾尊と伊弉冊尊は多くの神々も生んだが、その中の天照大神は高天原を、月読尊は夜の月の世界を、素盞嗚尊は根《ね》の国を治めるように命じた。素盞嗚尊は産褥熱で死亡した伊弉冊尊を慕って号泣して困らせたが、やがて根の国に行く決心をし、姉の天照大神に別れを告げに高天原に上り、乱暴を働いたので天照大神は天の岩屋に隠れてしまった。

そのために高天原は闇となったので、諸神は天照大神を連れ出す相談をして、天の岩屋の前に天香山《あまのかぐやま》の五百箇《いおつの》真坂樹《まさかき》を立て、上の枝に八坂瓊之五百箇御統《やさかにのいおつのみすまる》の玉、中の枝に八咫鏡《やたのかがみ》、下の枝に青和幣《あおにぎて》・白和幣《しろにぎて》をかけて祈った。そしてその前に槽を伏せて天鈿女命が茅纏之矛《ちまきのほこ》をとり・天香山の真坂樹の葉をかむり、蘿《ひかげ》を手繦《たすき》とし衣装の胸をはだけて見事な乳房をあらわし、腰紐をはだけて下腹を露出し、焚火の火で陰所《ほと》が焦げるくらいの姿で神憑《がか》りして踊り狂ったので、集った神々も、そのエロチックな踊りに憂いも忘れてドッと笑いどよめいた。

『古事記』では「為神懸而掛出胸乳裳緒忍於番登《かむがかりなしてむなちかきいてもひもをほとにたれき》」とあるから、衣裳の前は全部拡げて丸見えの格好で踊ったのであろうから、神々も喜こんだに違いない。

天照大神は自分が岩屋に隠れたら高天原は闇になって、神々は困って憂えているはずなのに、賑やかに笑い声が聞こえるのは、自分以外の太陽神が現われたので喜んでいるのかもしれないと思って、天の岩戸を細目に開けて外を覗こうとした。その時、岩戸の外に待ち構えていた高天原随一の力持ちの手力雄神《たじからおのかみ》が岩戸をサッと開け放し、天照大神の御手を執って連れ出したので、高天原は再び明るくなった。岩戸は二度と閉められないようにと岩戸を

天鈿女命《あめのうずめのみこと》の性的踊り

下界に投げ落し、しりくめ縄を張って結界とした。落下した岩戸は長野県の北方に落ちて山となったのが戸隠山《とがくしやま》であると伝説されている。

この天照大神を誘い出す機会を作ったのは、天鈿女命のエロ踊りである。

天鈿女命は猿女君《さるめぎみ》の祖となり、子孫は猿女といって神祇官の女官として、後世まで大嘗会《だいじょうえ》・鎮魂祭等の神楽に舞いをする職をつとめるようになった。

神楽舞のもとは、天鈿女命の大胆なエロ踊りだったのである。

四　天鈿女命と猿田彦神《さるだひこのかみ》（『日本書紀』）

天鈿女命の好色的行動は未だ続く。伊弉諾・伊弉冊二尊の生んだ国土には未だ定まれる統治者がいないので、その統治を天照大神は孫の天津彦彦火瓊瓊杵尊《あまつひこひこほににぎのみこと》に命じた。瓊瓊杵尊は大勢の神々を引率して降臨し、天八達之衢《あめのやちまた》（天と地の境の四通八達の辻）まで来ると、先の方に鼻が七咫《ななあた》、背丈が七尺、目は八咫の鏡のように光った恐ろしい

天鈿女命と猿田彦神

形相の怪神が立っているので、八十万神《やおよろずのかみ》（沢山の神達）も恐れをなして進み得なかった。

そこで瓊瓊杵尊は天鈿女命を招《よ》んで、「あすこに怪人がいるが、一体何で立っているのか尋ねて参れ」と命じた。男性の神々が尻込みしているのに女性である天鈿女命に命じるというのは、この命神《みことがみ》はお色気だけでなく男性をもしのぐ大胆さがあったからであろう。天鈿女命は「露其胸乳抑裳帯於臍下《むなちをあらわしてもひもをほぞのしたにあらわし》」と、例の露出戦術で進んで行った。

驚いたのはこの怪異な神で、慌てて「わしは瓊瓊杵尊がこの国に降臨されると知って、謹しんで御出迎えに参ったもので、怪しいものではありません」と鼻の頭に汗をかいて答えた。天鈿女命がその由を報告すると瓊瓊杵尊始め八十万神々も安堵し、この神の案内で筑紫（ここでは九州の意）の日向の高千穂の峯に降臨した。

この案内した容貌怪異の神は猿田彦神というが、天鈿女命の見事なスタイルに惚れたものか、瓊瓊杵尊の降臨を見届けた上で、天鈿女命を連れて伊勢の狭長田の五十鈴川の川上に移り夫婦となった。この子孫が猿女君となるのであるが、鼻が雄偉で赤いので天狗の祖に擬する者もいる。

ところが『古事記』によると、猿田彦神（猨田毗古《ひこ》神）は阿邪訶《あざか》にいたときに比良夫貝《ひらぶがい》に手を挟まれ、それがもとで溺れ死んだと記されている。ひらぶ貝とは動物学的には不明で、おそらく平めいた貝の一種で、語呂からいっても巻貝らしくないから、二枚貝の大きいものであろうか。挟んだら人の指くらいは挟み切ってしまうくらい力の強いのは硨磲《しゃこ》貝で、大きいものになると殻長一・四メートル程であるが、これは太平洋中西部からインド洋にかけて産するが日本海沿岸では見ない。殻内は美しい光沢があり、螺鈿《らでん》にも用いられる。

また一説では、ヒラブ貝は月日貝という蛤の一種ともいわれるが、殻長六センチ程であるから、猿田彦神ほどの雄偉な者がこれに挟まれて溺れ死ぬことはあるまい。

ただ蛤は往々女陰に譬えられるから、露出好きの天鈿女命はセックスに強く、雌元（成々不成合処《なりなりてなりあわざるところ》）に挟まれ、溺れて（過淫の結果）衰弱死したとも考えられる。

五　倭迹迹百襲姫《やまとととももそひめ》と大物主神《おおものぬしのかみ》（『記紀』）

『日本書紀』に倭迹迹百襲命は大物主神の妻となったが、この神は昼は姿を見せず、夜闇に紛れて現われるので、その容貌を見ることが出来なかった。そこで倭迹迹百襲姫は「貴方の御立派な御姿を明日の朝拝見したい」というと、大物主神は「それなれば明朝、貴女の櫛笥《くしす》の小箱をあけて見ればわかるが、驚かないでください」といったとある。

倭迹迹百襲姫が翌朝櫛笥の匣《はこ》をあけると、中に美しい小さい蛇が入っていたので、驚きの声を上げてしまった。大物主神は恥入って忽ち人の姿に変わり「あれほど驚かないでくださいといったのに、貴女は私を羞《はず》かしめた。故に私は二度と来ない」といって大虚《ぞら》を飛び三諸《みもろ》山に帰ってしまった。倭迹迹百襲姫は後悔して、陰所に箸を突き刺して自殺した。そこで塚に葬ったが、時の人はこれを憐んで箸墓《はしばか》といったという事が記されている。

大物主神と倭迹迹百襲姫命

大物主神が蛇であるということは『日本霊異記』にも記され、この蛇神は大国主命でもあるから、なかなかの好色神である。『古事記』にも、活玉依毗売《いくたまよりひめ》のもとに夜這して三輪山神婚譚として伝えられ、また三島湟咋《みぞくい》の娘勢夜陀多良比売《せやたたらひめ》が厠に入った時に丹塗矢《にぬりのや》に化けてその陰所を突いた話等がある。これらの説話は発展して、常陸の晡臥《くれふし》之山説話、肥前の褶振峯《ひれふりみね》説話等に類型が『風土記』に収められているが、後世まで蛇は女性を犯す話として広く分布してゆく。

蛇が神聖視されるのは世界的現象で、蛇の生態から来る不気味さが恐れられ、忌避すべきことが畏れ敬いに変じ、やがて神格化すると共に、地霊、天霊として映じるようになる。

こうして霊神と見られるようになることによって人にも化し、また蛇頭の連想から性的存在として強調されるようになる。蛇が女性化して男性に交るというのは『今昔物語』『雨月物語』に僅かに見られるのみで、日本の伝承説話の殆んどは蛇が容貌良き男性として女性に通う話である。

『日本霊異記』上巻の冒頭に、雄略天皇二十三年（四七九）に奈良県磯城郡の宮殿で媾合している時に雷が鳴ったので、五月蠅《うるさく》思われた天皇が小子部栖軽《ちいさこべのすがる》に雷を捕えて来いと命令されて捕えて来たは蛇であったし、三諸山に虚空を飛んで帰ったのも、賀茂伝説も雷神は蛇体である。古来、嘘か誠か蛇に魅せられた女性は多い。

六　夜這《ば》いの達者な大国主命《おおくにぬしのみこと》（『古事記』）

『古事記』上巻によると、出雲の神大国主命（大穴牟遅神《おおなむじ》）はなかなかの好色神で、苦心して須世理毗売《すせりひめ》と結婚したが、さらに八上《やそ》比売とも結婚（スセリヒメを恐れて後に離婚）し、また越（北陸地方）の沼河毗売《ぬなかわひめ》、宗像の多紀理比売《たぎりひめ》、また神屋楯比売《かみやたてひめ》、八嶋牟遅能《むちの》神の娘鳥耳《とりみ》神等とも結婚しているから、頗るお盛んの神である。

この神は夜這いの名人で、高志（越）の国の沼河比売の許に通った記述は『古事記』に、

將婚高志国之沼河比売幸行之時、到其沼河比売之家、歌曰、夜知富許能、迦微能美許登波、夜斯麻久爾、都麻麻岐迦泥弖、登富登富斯、故志能久邇邇、佐加志売遠、阿理登岐加志弖、久波志売遠、阿理登伎許志弖、佐用婆比爾、阿理多多斯、用婆比邇、阿理加用婆勢、多知賀遠母、伊麻陀登加受弖、淤須比遠母、伊麻陀登加泥婆、遠登売能、那須夜伊多斗遠、淤曽夫良比、和何多多勢礼婆、比許豆良比、和何多多勢礼婆、阿遠夜麻邇、奴延波那伎、佐怒都登理、岐藝斯波登與牟、爾波都登理、迦祁波那久、宇礼多久母、那久那留登理加、許能登理母、宇知夜米許世泥、伊斯多布夜、阿麻波勢豆加比、許登能加多理碁登母、許遠婆（徳川家蔵版校正『古事記』）

とある。この文ではいかにも難解であろうから、読みやすくすると、

（越の国の沼河姫と婚せんと幸行の時、沼河姫の家に到って歌って曰く。八千矛《やちほこ》の神の命《みこと》は八島くに、妻求《ま》ぎかねて遠々し。越の国に賢女《さかしめ》を有りと聞かして奇し女《くわめ》を、有りと聞こして、さ夜這に、あり立たし、夜這に、あり通わせ、太刀が緒も、未だ解かず、被衣《おすい》をも、未だ解かねば、乙女の、鳴すや板戸を、押振い、我が立せれば、引擦い、我が立せれば、青山に、ヌエは鳴き、サ野ツ鳥、雉は動《どよ》む、庭鶏、鶏は鳴く、憂《うし》たくも、鳴

大国主命と沼河姫《ぬなかわひめ》

くなる鳥か、この鳥も、ウチ止めかせ、ねイ慕うや、天馳使《あまはせつかい》、言《こと》の語《かた》り言もこうば」

とある。これはある神の命《みこと》は八島の国で妻を求めることが出来ないので、遠方であるが越の国に賢い美人がいるということを聞いて、夜這して婚《まぐわ》いしようと出掛けた。そしてその美人の家の外につくと、邪魔な太刀の緒を解いて外すこともせず、また人目を憚るために、覆っていた被衣も脱がないで、その美人が開けて迎え入れて呉れるであろう入口の板戸を押したり引っぱったりして、気持ちをいら立たせながら立っていると、青山では梟が鳴き、野の雉はその気配に動き、鶏までが暁方かと思って閧《とき》を作った。本当にもどかしい気持ちで、この鳥も早く鳴くのを止めて欲しいものだということ。女性を恋い慕う男の人の様子を述べた話というものは、こういったことである。

と記されているのであるが、夜這いに通う古代人の様子を歌にしたもので、これを八千矛神の姿としているが、沼河姫の所に通ったのは大国主命のことで、沼河姫も内より歌っている。その歌の意は「勇ましい貴いお方さま、妾は弱い女ですから、あの浦磯の千鳥のように今は淋しい状態ですが、お逢いすれば優しい鳥となりますから、決して恋死なさらないでください。青山に日が隠れ真暗の夜になると、貴方は朝日のような笑顔で白い手を伸して、近寄るわたしの胸をそっと叩いて、愛撫して、さらに股にまで手をさし入れ、腿《もも》を長く伸してからみ合って寝ましょう。だから今あせっては駄目よ」というのだ。結局その夜は交わらずに翌日の夜に交わったという意味のことを伝承の歌物語として記してあるのである。

沼河姫の「ぬな」は滑らかの意で、女体の美わしさを表したものであろう。またこの地はヒスイ（ジェダイト）

の産地でもある。

七　弓削《ゆげ》の道鏡《どうきょう》（『日本霊《りょう》異《い》記《き》』）

弓削道鏡と孝謙女帝との艶笑譚は古来有名であるが、『続日本紀』巻三二　宝亀三年（七七二）夏四月の項にも、女帝が病に臥した時、看病して以来寵幸《ちょうこう》を受けたと記されている。これは公然の秘密であったらしく、二人が亡くなってから二十数年後に、薬師寺の僧景戒によって書かれた『日本霊異記』（日本国現報善悪霊異記）下巻にも、孝謙女帝在世の頃に流行した歌が書かれている。それによると、

「法師達は腰に裳をまとって仏道に精進しているからとて、油断してはいけない。裳の下には雄元がぶらさがっているのであるから、それが威健高《いだけだか》になったら大変な威力を発揮するのである」とも「わたしの下腹の繁みに寝なさい。立派になるまで」

などと女帝と道鏡のことを耶喩している俗謡を記している。

この二人の艶事は、鎌倉時代の僧慈鎮の著した天皇家の事を編年体にまとめた『愚管抄』にも、「この女帝、道鏡といふ法師を愛させ給い」と記し、文安元年（一四四四）六月の奥書ある『下学集』には女帝に寵幸された道鏡の雄元は頗る大きいとし、また女帝の雌元も大きくなったのは、経文に嘘が書いてあると尿《いばり》をひっかけた仏罰によるものであると、室町時代の僧行誉が『壒嚢抄《あいのうしょう》』に書いてある。

往古の人は巨根・巨陰を好色のしるしとしたので、道鏡の巨根がお気に召したので独占的寵愛を受けたが、道

弓削《ゆげの》道《どう》鏡《きょう》

鏡がもっと太いもので女帝を喜ばそうとして「思いもかけぬ物を奉」ったので、それがもとで女帝は病まれて崩御されたと、鎌倉時代初期の中山忠親の著した『水鏡』に記されている。また鎌倉時代の建保三年（一二一五）に源顕兼によって書かれた『古事談』巻一には、その思いもかけぬ物とは薯蕷《やまといも》で、陽根形に作ったものであると記し、これは後世まで信じられた。江戸時代の国学者野口隆正編の『嚶々筆語《おうおうひつご》』中に、西田直養のエッセイ「夜麻都伊毛《やまといも》」は、これらの俗伝を真実と受けとめて、薯蕷代用品と論じている。

また頼山陽の戯作と推定されている『大東閨語』にも、道鏡の雄元が雄偉であったので法王の位にまで昇ったとしている。また江戸時代は専ら女帝と道鏡を耶喩した川柳は頗る多く、筆者不明の艶本『花の幸《みゆき》』にまで扱われ、女帝道鏡の艶話は広く普及して今日に及んでいる。

八　吉祥天像を犯す優婆塞《うばそく》（『日本霊異記』）

平安時代初期に奈良薬師寺の僧景戒の著した『日本霊異記』中巻に、吉祥天女の像と見てあまりの美しさに愛欲を生じて、この像を犯した話が載っている。

和泉国和泉郡血渟山寺有二吉祥天女攝像一　聖武天皇御世　信濃国優婆塞來二-往於其山寺一　睇二之天女像一　而生二愛欲一　繋レ心恋之　毎二六時一　願々　如二天女一　容好女賜レ我　優婆塞　夢見レ婚二天女像一　明日瞻レ之　彼像裙腰不浄染汗　行者視レ之　而慚愧言　我願二似女一　何忝天女専自交レ之　媿不レ語二他人一　弟子偸聞レ之　後其弟子於レ師無礼故　嘖擯去　所レ擯出レ里　訕レ師程レ事　里人聞之　往問二虚実一　並瞻二彼像一　淫精染穢　優婆塞不レ得レ隠レ事　而具陳諒語委　深

吉祥天女を犯す優婆塞《うばそく》

この物語は『今昔物語』一七ノ四五にも掲載されている話で、禁欲の戒律厳しい僧侶こそ逆に色欲の妄想に襲われることを物語っている。

聖武天皇の御代（七二四〜七四八、仏

教が興隆して奈良の大仏の作られた時代）に信濃国（長野県）の優婆塞（仏道に入った在家の男性）が和泉国（大阪府）和泉郡血渟《ちぬ》の山寺に住んだが、そこには美しい吉祥天の像が祀られていた。吉祥天は生けるが如くに見えたので、優婆塞は恋慕の情を催して日夜拝し、どうか貴女のような美しい女性を賜わりたいと祈っているうちに、ある夜夢に吉祥天が現われて婚《くなかい》したと見て目が覚めた。朝、吉祥天の裳裾を見ると射精で汚されているので、「自分は吉祥天と婚する積りではなく、吉祥天と同じように美しい女性を望んだのである。自分がかかる浅間しい願いをもった故に、かかる恥かしいことをしてしまったと慙愧《ざんき》し、山から下りたが、里の人がこれを知ったとしている。『今昔物語』では弟子が、この件を吹聴したことになっている。

九　蛇に秘所を狙らわれる女性

（『日本霊異記』）

『日本霊異記』中巻第四十一に、

河内国更荒郡馬甘里　有二富家一　家有二女子一　大炊天皇世　天平宝字三年巳亥夏四月　其女子　登レ桑揃レ葉
時有二大蛇一　纒二於登女之桑一　而登　往レ路之人　見示二於嬢一　嬢見驚落　蛇亦副墮　纒之以婚　慌迷而臥
父母見レ之　請二召薬師一　嬢與レ蛇倶載二於同床一　歸充置レ庭焼二稷藁三束一　合レ湯取レ汁三斗　煮煎之成二二斗
一猪毛十把剋末合汁　然當二嬢頭足一　打レ橛懸釣開口入レ汁　汁入一斗　乃蛇放往殺棄　蛇子白凝如二蝦蟆子一
猪毛立二蛇身一　従レ閭出五升許　口入　二斗蛇子皆出迷惑之嬢　乃醒言語　二親問之　答　我意如レ夢　今醒
如レ本　薬服如レ是　何謹不レ用　然経二三年一　彼嬢復蛇所レ婚而死（以下略）

蛇に秘所を狙われる女性

とある。河内国（大阪府）更荒《さらら》郡馬甘《うまかい》里に豊かな農家があり娘がいた。ちょうど淳仁天皇の天平宝字三年（七五九）己亥《つちのとゐ》夏四月の頃であったが、その娘が養蚕の為に庭にある桑の大木に登って、その葉を摘んでいた。ところが大蛇がいて娘に魅せられたのか、するすると樹を昇って行くので、通行の人が気が付いて注意してくれた。娘は吃驚《びっくり》して樹から落ちると、蛇も落ちて娘の秘所にもぐり込んだので、娘は前後不覚の状態になってしまった。人々が驚いて家に担ぎ込んだが、ある薬師（医者）がきびがらの藁三束を焼いた灰を煎じ三斗作り、二斗に猪の毛を細かく刻んでこれに混ぜ、娘を逆さにして秘所にそそぎ込めば蛇は抜け出るといったので、その通りにしたら蛇は抜けたので打ち殺した。そのあと蟇《がま》の卵の繋ったような蛇の子が沢山出ると、娘はやっと正気付いたという。この娘は三年後に再び蛇に犯されて死んだ。女性の秘所というものは、蛇に狙われやすいものである。

一〇　写経中に女性を犯す写経生（『日本霊異記』）

『日本霊異記』下巻第十八に、

丹治比經師者　河内国丹治比郡人　姓丹治比故　以為レ字其郡部内　有二一道場一　號曰二野中堂一　有二發願人一　以二寶亀二年辛亥夏六月一　請二其經師於其堂一　奉レ寫二法花經一　女衆参集　以二淨水一　加經之御墨　水時未申之間　段雲雨降　避レ雨入レ堂　堂裏狭少故　經師與二女衆一　居二同處一　爰經師婬心熾發　踞二於嬢背一　擧レ裳而婚　随二閈入一　閻　携レ手倶死　唯女口漚噛齧出而死

とある。丹治比《たぢひ》という経師は河内国（大阪府）丹治比郡の人であるが、郡内に寺があって野中堂といわれていた。

写経中に女性を犯す写経生

ある発願する人の依頼を受けて、一心に法華経を写経していた。時に宝亀二年（光仁天皇の御代、七七一年、『日本霊異記』の書かれる十数年以前）辛亥《かのとゐ》夏の六月のことであったが、その時急に夕立が降って来た。

ちょうど大勢の婦人達が参詣に来ていたが、雨を避けて皆野中堂の中に入って来た。御堂が狭いので丹治比経師が神聖な水を硯に入れて墨を摺って一字一字心を澄まして写経している所であったが、婦人達の身体に触れんばかりであったので、経師もその中の美貌の女性に目を留め、忽ち欲情を催し、女性の裳を揚げるといきなり後部から犯してしまった。女性もこばまなかったものか、為すにまかせて佳境にさまよい、やがて二人は手を執り合っていたが、かかる神聖な場所で不倫を行ったための仏罰か、二人は手を握り合ったまま死んでしまった。女性の方は口から泡を吹き、歯を食いしばって死んでいたという。

雷鳴でショックがあったのか、感極まっての心臓麻痺かわからぬが、まわりに大勢の女性がいたのであるから、さぞ大騒ぎであったろう。この事件をもってしても、当時はかなりフリーセックスの風潮であった事が窺われる。

二　軍兵の凌辱・強姦（『将門記《しょうもんき》』）

現代では道徳的に自粛されているが、前世紀頃までは戦争に敗けると、その国の婦女は捕虜として犯されたり売られた事は、世界的に見られる現象であった。

日本においても戦国時代頃までは、この傾向が強かった。

一族から無理に窮地に追い詰められた平将門は、天慶二年（九三九）、ついに同族平貞盛等と戦ったが、貞盛に味方した源良兼の攻撃に破れたので、妻子を猿島郡の葦津江（芦屋）に潜ませたところ、良兼の軍勢に発見されて斬殺された。翌三年、将門は大勝し今度は貞盛の妻が捕えられ、裸にされた。これを見た将門は「流浪の女人を本属に帰すは法式の恒例である」として、衣類を与えて敵方に送り返した事が『将門記』に記されている。

これは武夫《ますらお》としての美談であるが、貞盛の妻は捕虜としてはたして凌辱されなかったのであろうか。裸にされたという点からも、凌辱が行われなかったとは考え難い。江戸時代末期の漢文体の艶話『大東閨語』には、この点を推理して、

平将門襲平政盛　大勝矣　俘虜中有平貞文婦　年少色美　営中軍士挑レ之　婦泣而不レ従　軍士強汚レ之　強也宇奮発　如鷹之挙　攻撃甚雄　婦於レ此精神不レ接　舞己之躍比　快適形干色　既而婦先大漏世以衣幾　軍士笑曰　君匪石心忽為吾尿所轉　婦吁嗟良久　而対曰　身辱不レ能レ死　比弄不レ得レ閉紅涙白以无両難レ禁

とある。平将門は平政盛を攻撃して大勝利を得たが、その次男である平貞文の妻を捕らえた。若くして美貌であったので、将門の家来達はこれを犯そうとした。その女性はこばんだが、軍士達は鷹が小雀を捕らえるように猛烈に犯したので、その女性も燃え上がらざるを得ず、快感の色をあら

軍兵の凌辱《りょうじょく》

わし、愛液を大量に溢れさせた。

そこで軍士達は『そなたも金石のように堅固ではなく、やはり普通の人間である。こうしたいい目を味わわされれば、すぐに感じてしまうではないか」とからかったところ、その女性は歎息してから「このような辱しめを受けても死ぬことが出来ません。無理にでも犯されてしまうと、あすこは固く拒否することが出来ず、口惜し涙と愛液が同時に出てしまいました」と答えたという。

強姦される恐怖心は、欲情を一層強く刺激することは古今を通じて同じで、強姦された屈辱から相手を怨む一方で、その時の絶頂感は忘れ去りかねるという。

一二　神に祈る愛法（『新猿楽記《しんさるがくき》』）

藤原明衡《あきひら》の『新猿楽記』に、猿楽ファンの右衛門尉はなかなかの好色家で、二号や孫ほどの年齢のカマトト三号を熱愛しているくせに、糟糠の本妻は婆扱いにして、一向にかまってくれなかった。そこで妻は右衛門尉の愛情を取り戻そうと必死になって神仏に祈り、柄になくお布施を奮発して聖天様、道祖神、稲荷神に供物を捧げたり、神仏が注目して同情してくれるように、さまざまな演技を示した描写に、

野干坂伊賀専之男祭叩二蚫《あわび》苦本《くぼ》一　舞　稲荷山之愛法　鼿二鰹破前一　喜云云

とある。野干坂伊賀専《きつねざかのいがとうめ》とは、専《とうめ》が女嬬から来た刀女で、ここでは刀女は狐のことをいい、狐坂に祀るお狐様つまり稲荷神のこと。本来稲荷神は保食神《うけもちのかみ》で穀神であるが、『倭姫命世記』に「御食神《みけつのかみ》、専女《とうめ》也」とあることにより御

食を三狐とし、いつしか狐が稲荷神あるいは稲荷神の使い女と見るようになった。

この稲荷神の男祭（伊勢貞丈の『安斎随筆』巻六に「男に逢はんとて祭るなり」とあるように、女性が良き男性に巡り逢えることを祈る祭り）に、ここの女巫が行う陰部を叩いて舞う舞いの真似をして、蚫苦本（蚫に似た女陰、苦本は凹で同じく女陰、蚫を想わせるほどの使い古した大女陰の形容か）を叩いて踊って見せて、稲荷神の注目を集めて同情させようとしている態度をいう。

稲荷山之愛法とは、稲荷神は南北朝時代頃に記された『稲荷記』によると「稲荷神ト世俗ニ申付タレトモ、御自称ハ愛法神也」とあり、稲荷神の本地と如意輪観世音菩薩と愛染明王であり、真言密教でも愛染明王は愛欲を司る愛の神である。

喜多村信節の『筠庭雑録』にも「愛染の法などにて、男におもはれぬとて祈る也」とあり、愛染明王すなわち稲荷神で、これの愛法が蚫苦本を叩いて舞うのである。そして、さらに稲荷山の阿古町という狐神に仕える巫女が、愛法の祈りとして鮏破前《かつおはせ》を鼿《うせ》て見せる。（鮏は鰹のことで、鰹の切身を干し固めた鰹節を男根に見立て、これを鼿ると は仰《あお》のきに立てる。つまり男根が勃起したさまをあらわす）卑褻な仕草をして神の注目をあつめる。これは神憑した巫女が行うので、これも愛法である。

神に祈る愛法

こうした仕草は、すべて巫女が行うのであるが、右衛門尉の老妻は自らこれを演じて、衆目の嘲笑を買ったのかもしれない。

こうした卑褻な仕草は、今日でも無礼講のくだけた宴席には、しばしば見られる。

『沙石集《しゃせきしゅう》』にも、和泉式部が夫の藤原保昌の愛が冷えたときに、貴船神社に行って敬愛の祭りをしてもらったが、年とった巫女が「赤キ幣ドモ立テナラベタルメグリテ、様々ニ作法シテ後、ツヅミヲ打チ、前ヲカキアゲ（衣服の前を開いて）タタキテ（女陰を叩いて）三返メグリテ、コレ体ニセサセ給ヘ」というので、その通りにしたら、験あって夫の愛を取り戻したことがあるというから、右衛門尉の妻も同様のことをしたのである。

一三　老妻の悶《もだ》え（『新猿楽記』）

平安時代の藤原明衡の著した『新猿楽記』は和様漢文体の名文であるが、これに登場する右衛門尉一家五十余人の生活振りが描かれ、特に右衛門尉という人物は齢五八にしてなお熾《さか》んで、妻のほかに妾二人、その一人は自分の娘より若いのをいつくしみ、好々爺的存在を示している。そのため、本妻は同衾されることがないので、欲望の炎むらむらと燃え、明衡はそのさまを筆を極めて扱下《こきおろし》している。そのさまは、

不レ知二吾身老衰一　常恨二夫心等閑一　故本尊聖天供如レ無レ験　持物道祖祭似レ少レ應　野干坂伊賀専之男祭

叩二蚫苦本一舞　稲荷山阿小町之愛法　鼿二[illegible]破前一《カケテハゼヨウタセテ》喜　五條道祖奉二粢餅千葉手《ヒラ》一　東寺夜叉神祀二飯《イイカヒ》飯百蘿子《アシカト》一

叩二千社一躍　棒二百幣一走　嫉瞼如二毒蚫之繞乱《シマケルガ》一　忿恕面似二悪鬼之睚眦《ニラメル》一　恋慕之涙洗二面上之粉一

と形容している。

亭主が構ってくれないので、他の男の気を引こうと皺を埋めるような厚化粧しても、誰も応じてくれないので、

愛欲の炎は夏の日の陽炎のように燃えたち、神仏に頼れば相手する男も現われるであろうと、和合の神である聖天様に大金を投じて浴油供料を奉納したり二股大根を供えたが一向に効験《ききめ》なく、今度は日本古来の性神である道祖神に供え物しても駄目。

それならば、野干坂伊賀専という御稲荷様に御願いしようと、男祭の日にお参りして、群衆の中で女陰《ほと》を叩いて踊り出して男達を呆れ返らせたり、また伏見稲荷の阿小町という狐神の前で、鰹節のように堅くなった男根状のものを持って、性戯のさまを踊って貴船神社の敬愛の法そっくりを演じるが、益々色情を燃え立たせるだけであった。

それでも懲りずに、五条の道祖神が効目あるときいて、粢餅《しとぎもち》千個も供えたり、教王護国寺の摩多羅《またら》神という三面六臂の夜叉神に祈り、また千社詣りをして沢山の御幣《みてぐら》を上げて、色欲を満たしてくれるよう身を揉んで祈るが、すべて効果はなく、この世の男共に対する瞋恚《しんい》の炎はめらめらと燃えて、怒りの目は毒蛇が怒り狂った如く物凄く、怒りの顔は悪鬼が目を怒らした如くで、男を欲するために涙を流すと、厚化粧が斑らの筋となって、益々醜くなって滑稽にも憐れであると、形容の限りを尽くしている。確かに夫が二号を持ったり、孫のような三号に惑溺して、苦楽を共にした本妻をかえりみなければ、嫉妬心が燃えるのは理解できる。

老妻の悶《もだ》え

この鮑苦本とは鮑のような女陰《くぼ》をいうので、まさか露出してここを叩いて見せるのではなく、小袖衣の上から叩いて、「ここよ、ここよ」とエロチックな誘いであろうが、鎧破前は鰹節のように堅い玉茎《はせ》を用いて滑稽な仕草をするのは、無礼講の宴会の余興ではあるまいし、少し行き過ぎである。但し、この踊りは後世まで、豊穣を希《ねが》う行事として残っている。

夜這いの盛んであった平安時代には、こうした悶えの老婦人もいたことは想像できる。

一四　性神信仰（『扶桑略記《ふそうりゃくき》』『外記日記《げきにっき》』）

石器時代には、多産豊穣を願うシンボルまたは咒《まじ》ないとして・石・骨・土偶でもって、性器そのものを象った女神的存在のものが遺跡から発掘されている。

一方、男性の性器を象った石製品もあり、これは石剣、石槍と共に打撃武器としても用いられたであろうが、先端が男茎のように次第に具象的となり、男茎のパワーを尊敬する意味から、やがて性神としてのシンボルとなり、後世は全国的に性神として信仰される民俗となった。

男茎の如く聳立《しょうりつ》した強固な姿は、招福ばかりでなく、外敵撃退、悪魔・病魔の侵入を防ぐ表徴ともなった。また道祖神、塞《さい》の神信仰と結び付いて、しばしば村や部落の入口に立てられ、仏教の神仏と結び付いたり、日本独特の日本民族の考えられた仏神の姿に表現され、さまざまな形態の道祖神の石像が作られた。

こうした性神信仰は素朴な地方だけでなく、中央、当時の京都にも氾濫したらしく、平安時代中期頃の『外記日記』にも、京都中の辻衢《ちまた》に木彫の衣冠姿と女性の盛装姿が祀られていたが、それは腰から下に男性、女性の表徴のものが彫られ、それに供物したり幣帛《へいはく》が立てられていたと記されている。これは『扶桑略記』にも記されているから、有名な性神信仰風俗である。木彫の神体を象った性神であるが、後世でも遊女屋、水商売の家では、木彫、鋳鉄、石彫の男茎や、女陰形のものを商売繁昌を祈る対象とし、また神棚の一偶や庭の隅に祀って日夜祈願の対象として、江戸時代には年の市に張形の男根を買い求めて祀る商人もあった。

こうした石神や性神は、地方によってはさまざまな伝承伝説として発展するが、性神信仰はいずれの古代民族にもあり、その形態が宗教化して生きているのは、日本とインドが顕著である。

インドは、古代のバラモン教の発展したヒンドゥ教においては、三大主神の中の一神で神話の中で最も多くの名をもって活躍するシヴァ神の象徴が男茎であって、俗にシヴァ・リンガと呼ばれる。日本においても陰像は道反大神《みちがえしのおおかみ》、岐神《くなどのかみ》、塞《さえ》の神（道祖神）、猿田彦命神、天鈿女《あまのうずめ》命神、庚申神、帝釋天、伊弉諾《いざなぎ》尊神、伊弉冊《いざなみ》尊神、金精《こんせい》神（金性神）、カナマラ様、コンセ様などと呼ばれるが、いずれも男茎、女陰を意味した形象の石、金属、木で作られた御神体である。

性神信仰

これらの性神は、素朴な民間信仰が定着したものであるから、山の肌に露出した自然石や人工の性神として、路傍や山に露出しているのが普通であったが、しばしば為政者によって醜悪なものとして取締られた。そしてしだいに屋内に祀られたり、小堂を作って人目に付かぬようにされ、明治以降は神そのものを他神に換え、本体は堂の奥や隅に隠されるようになった。しかし祭礼には、往々性神を祀っていた行事の片鱗が残されたり、民間行事の中に残存するのみとなった。

一五　平安時代の遊女（『遊女記』）

大江匡房《まさふさ》（一〇四一～一一一一　政治家にして漢文学者、多くの著書がある）の『遊女記』に、淀河の河口付近は山陽道、南海道、西海道は通じる要衝の地で、神崎、蟹嶋等は特に人家櫛比《しっぴ》し、娼女が群をなしているとある。また小舟に棹さし、泊の大船を見ると漕ぎ寄せて、枕席に侍ることをすすめることかまびすしく、ここで遊ぶと思わず家を忘れてしまうほどである。こうした船の集りで水面が見えないくらいで、ここは天下第一の娯楽の地といって良いとある。

江口の遊女の祖《はじめ》は観音という名の女性で、いまは中君、□□、小馬、白女、主殿というのが有名である。蟹嶋は宮城《みやぎ》という遊女が支配し、如意、香爐、孔雀、三枚という娼が聞こえ、神崎は河狐姫が長者として支配し、狐蘇《こそ》、宮子、力余、小児達は、みな倶尸羅天《ぐしらてん》の生れ変りか、衣通《えとおり》姫が後の世に生れたかとうたがわれるくらい美人揃いである。上は貴族から下は庶民に至るまで慈愛の心をもってもてなし、妻や妾ともなるから、賢人君子と雖も遊女を好まぬ者はない。道祖神である百太夫に繁昌を祈り、これを木や石に刻んで信仰するから、その数はおよそ千あまり。これは実に古風（古代の信仰）を残しているといえよう。

長保年中（九九九～一〇〇三、一条天皇の頃）に東三条院が住吉社や天王寺に参詣したが、この時の禪定大相国（禪定は太閤のこと、大相国は太政大臣・藤原道長のこと）は、小観音という遊女を寵した。

長元年中（一〇二八～三六、後一条天皇の時代）上東門院が御幸された時にも、宇治大相国（藤原頼通）は中君という遊女を寵愛された。

延久年中（一〇六九～七三）後三条院が右の寺社に行事された時並んだ舟がやって来たので、人々は神仙達がやって来た近頃の珍事であるといって、漕ぎ寄せた遊女共を賞した。

京都から淀川口に至った人々は、殆んど江口の君達を愛したし、また国司達が西国に赴任する時に、ここの入江に入って神崎の遊女を招いたが、往々にここで争論や刃傷沙汰に及んだ。等々江口・神崎は船の出入で繁栄するので、そうした客を目当てに遊女も集まり、貴人から庶民まで、およそ好色心のある者は殆んど遊女買いをしないものはなかった事を叙している。

平安時代の遊女

そして、これらの人々は神女が舞い下りた如くに賞讃したのであるから、下級の遊女も当然多くいたであろうが、江戸時代のお職《しょく》・太夫に当たる高給の遊女もいたのである。

これらの遊女は、後世の金で買われ強制されて身を売る立場か、平安時代末期頃から現れた宿駅の長者遊女の如く、自前の立場であったかわからないが、「山椒太夫」伝説の如く、地方から勾引《かどわか》されて遊女にされた例も多かったであろう。

一六　傀《く》儡《ぐ》子《つ》の女性㈠（『傀儡子記』）

大江匡房の『傀儡子記』に、

傀儡子者。無二定居一。無二當家一。穹盧氈帳。逐二水草一以移徙。頗類二北狄之俗一。男則皆二弓馬一。以二狩獵猛一爲レ事。或跳二雙劔一弄二七丸一。或舞二本人一鬪二挑梗一。能二生人之態一。殆近二魚龍曼蜒之戲一。変二沙石一爲二金銭一。化二草木一爲二鳥獣一。能□二人目一。女則爲二愁眉啼一。粧二折腰歩齲歯咲一。施レ朱伝レ粉。倡哥淫楽。以求二妖媚一。父母夫聟不レ誠。□函雖レ逢二行人旅客一。不レ嫌二一宵之佳会一。嬫嬖之餘。自献二千金一。繍服錦衣金釵鈿匣之具。莫レ不二異有レ之。不レ耕二一畝田一。不レ採二一枝桑一。故不レ属二県官一。皆非二土民一。自限二浪人一。上不レ知二王公一。傍不レ怕二牧宰一。以レ無二課役一爲二一生之楽一。夜則祭二百神一。鼓舞喧嘩以祈二福助一。東国美濃参河遠江等党爲二豪貴一。山陽播州。山陰馬州土等次レ之。西海党爲レ下。其名儡。則小三日。百三千載。万歳。小君。孫君等也。動二韓娥之塵一。餘音繞レ梁。聞者霑レ纓。不レ能二自休一。今様。古川様。足柄片下。催馬楽。里鳥子。田哥。神哥。棹哥。辻哥。満固。風俗。咒師。別法師等之類。不レ可二勝計一。即是天下之一物也。誰不二哀憐一者哉。

とある。傀儡子の人々には、定まった住地も家もない。竹などで骨組みして織物で覆って一時の住家とし、水辺や草のある所に移動して生活しているから、中国北方の騎馬民族のようである。男性は弓術・馬術に熟達して狩猟をし、二つの刀剣をよく舞わせて武技もいろいろ熟練しているから、まるで龍が躍る威力のようである。

また幻術も心得ていて、沙や石を金属にしたり草や樹を鳥や獣にしたりして、人を惑わす。女性は媚を作って鼠啼きして人を誘惑し、腰をくねらせて笑い、御白粉や口紅を塗って歌を唄って人と交わることを楽しみとし、妖しげに魅惑する。

節操の無い彼女らには、父母や夫聟の区分はなく、道行く人や旅人に逢っても一夜の楽しみの夢を結ばせ、淫楽のためには自分から大金を与えたりする。そして衣服も立派で、持物も高級品である。また僅かの田畠も耕作しないし、養蚕のための桑の葉一枚も取らず、国の役人の管理下にないから土地の住民でもなく、浪々の身に甘んじている。従って、王侯に属することもないし、収民官（役人）なんか屁とも思っていない。税や課役がないから、一生呑気に暮している。

傀《く》儡《ぐ》子《っ》

夜ともなれば、彼らの信ずる百神を祀って太鼓を叩いたり踊ったり、揚句の果てには喧嘩したり騒々しいこと限りが無く、福助に祈っている。東の方では美濃（岐阜県）、参河（愛知県）、遠江（静岡県）等を行動範囲として豊かに暮らし、山陽道では播州（兵庫県）、山陰道では但馬（兵庫県）あたりの傀儡《くぐつ》党がこれに次ぎ、西海方面は下位である。彼らを儡というのは人形遣いのことで、

「くぐつ」というのは「失敗して落ちぶれた」という意味であるが、彼らは落ちぶれたのではなく、一般社会を嫌った連中である……云云。

とあるが、傀儡の女性は生活の為の売春ばかりでなく、性に対して本来淫逸であって楽しんでいるからこそ、誰彼かまわずに身体を許すのである。

一七　傀儡子の女性(二)(『傀儡子記』)

傀儡子とは、前に延べたように流浪の無頼《アウトロー》無法の集団で、平安時代頃から良民として把握できない存在であり、瀬降りする所は山窩《さんか》に似るが、彼らは街の人中で、神歌、催馬楽《さいばら》、咒師《まじない》、辻歌何でも遊芸的の事をやって人から銭や喜捨を乞い、女性は呼ばれれば枕席にも侍るから意外と豊かで贅沢な服装をし、遊女の如く化粧している。彼らの表面の表芸は歌舞音曲と人形遣いであるが、日本に人形遣いが伝わったのは『本朝文粋』(藤原明衡が『唐文粋』にならって、嵯峨天皇の弘仁年中から後一条天皇の長元年中までの間の文辞を四百二十篇選んで、百巻にまとめたもの)巻三に藤原醜人《てひと》が中国の傀儡を伝習し、この芸を宮中で演じたのが古い例としている。

しかし人形舞の起源は、これより古くから行われていたらしく、巫覡《みこ》の一部の者が神前で木で作った人形を依り代《よ》《しろ》として、神の祝詞を唱えたことが源流であるとする説もある。つまり下級の巫女か傀儡が、神の事触れ的に流浪中の生活の世過ぎのために人形を依り代として、演技的見世物を行ったりした事から、いつしか人形遣いと見られるようになったが、大衆を集めるためには人形演技もしばしば性的表現が行われたらしい。

こうした演技は、平安時代に街の衢にまで祀られた木彫道祖神にヒントがあるらしい。天慶頃（九三八～九四七）の『外記日記』や『扶桑略記』等に、東西両京の大小路の衢に衣冠の男子と盛装の女子が、腰下をあらわした木彫像が祀られていたとある。これは明らかに道祖神信仰の際どい表現で、街中にしてすでにこの有様であるから、傀儡の人形舞いも当然性戯的演技を見せて人を誘い、やがては客の需《もと》めるに応じて身体をも提供するという事に発展して行ったらしい。生来快楽を追って無責任なアウトロー的集団であるから、放縦に性も享楽し、それが生活の資を得るためなら、無節操は全くかえりみなかった。故に胸に人形箱を下げて、これが表向きの生業《なりわい》のように見せるが、貴顕から大衆に至るまで誰彼の区別なく、肉体を提供すれば収入に事欠かぬ状況に甘んじて、遊行遊女の存在となったのが傀儡女《くぐつめ》である。

傀《く》儡《ぐつ》女《め》

　江戸時代の熊野比丘尼が、熊野牛王の護符を売り、地獄極楽の絵巻を拡げて説教する表面の姿に反して、内面は人の家に入り込んで売春したのと軌を同じくするが、傀儡はその集団に属して、常に移動してかなり贅沢なくらし振りであったようである。

第二部

中世編

一八　白拍子《しらびょうし》（『源平盛衰記』）

白拍子は平安時代末期頃から鎌倉時代にかけて流行した踊り子であったが、しだいに遊女化した。

白拍子というのは、声明の拍子の一種で管絃を伴わない歌とか、平板なアクセントの無い拍子で、古くは男性の巫の行う神前の芸能であったが、これを行なうのを白拍子といった。それを平安時代末期頃から、女性が男装して舞い歌うようになったので、舞女は水干姿に鞘巻《さやまき》を差し、烏帽子姿がユニフォームとなり、男舞《おとこまい》といった。『源平盛衰記』にも、

世に白拍子と云者あり。（中略）吾朝には鳥羽院御宇に島の千歳、若の前とて二人の遊女舞始けり。始には直垂《ひたたれ》に立烏帽子、腰の刀を指《さし》て舞ひければ男舞と申しけり。

とあり、始めは水干でなく直垂姿であるから、まったく男性の扮装であった。

そして酒席の興をたすける為に招《よ》んだのであるから、江戸時代の芸者踊り子と同じなので、『明月記』建仁二年（一二〇二、鎌倉幕府三代将軍実朝のころ）六月二日の条にも、遊女と白拍子が招かれたことが記されている。この男装の麗人振りが妙に艶めかしいところから、往々

白拍子

に枕席にまで招かれるようになり、江口・神崎の遊女などは白拍子に圧倒される有様となった。

『平家物語』に記される平清盛に愛された白拍子として、祇王、祇女、仏御前などは、当時の男性の憧れであった。

『徒然草』には、白拍子という職業の起源について、

多久助が申しけるは通憲入道舞の中に興ある事どもをえらびて、いその禪師といひける女に教へてまわせけり。白き水干に鞘巻を差させ、烏帽子をひき入れたりければ男舞とぞいひける。禪師がむすめ静と云ひける。これ白拍子の根元なり。

としている。

静は源義経の愛妾で、義経が兄頼朝の追討をうけて逃亡した後に、捕えられ鎌倉に送られ、頼朝以下諸御家人居並ぶ前で男舞を強制された。その時、静は臆せず「静や静(賤)しづの小田巻繰り返し、昔をいまになすよしもがな」とうたって義経を偲んだので、頼朝は不快の色をあらわしたが、妻政子にたしなめられたという話は有名である。また義経が京都堀河の館で、土佐房昌俊に襲撃された時に、健気にも義経を助けて働いたり、吉野落ちに途中まで従って無理に帰されたりして、後世まで物語として伝えられている。

一九　宿駅の長者(『吾妻鏡』)

『吾妻鏡』巻九　建久元年(一一九〇)十月廿九日の項に、

於青波賀駅、被召出長者大炊息女等有纒頭、故左典廏鄙上下向之毎度、令止宿此所給之間、大炊者爲御寵物也。

宿駅の長者

仍被重彼旧好之故歟、禪門寵後妾乙若以下四人幼息母大炊姉 内記平太政遠保元逆乱時被誅乙若以下同令自殺了 平三真遠出家後号鷲栖禪師源光平治敗軍時為左典廐御共廻秘計奉送于内海也 火炊青墓長者 此四人皆連枝也。内記大夫行遠子息等云云。

（青墓の駅宿で長者大炊の娘達を頼朝が召出し、纒頭《かづけもの》を下された。その故は、父義朝が都から地方に下ったり上ったりするたびごとに、この長者大炊を寵愛なさったという因縁があるからであろう。為義の妾で大炊の姉やその子平太政遠、平三真遠、火炊というのは、源氏の縁に皆連なるものである。）

と記されるように、青墓の宿駅には大炊という長者の家があり、これが源氏と深い繋りを持っていた。長者とは、その土地の豊かな家をいうので、その地方の長という所から来た語である。往古は宿駅に高官・貴人が泊まるのに適当な家がないので、こうした富裕の家に泊まるのであるが、地方の地下人である富裕の家では、中央の貴人をもてなすのが誇りであり、喜んでもてなした。そして枕席にまで女性を侍らせたが、江戸太郎が頼朝をもてなしたように、自分の妻を差出したり、また娘を差出し、時にはその土地の美人の遊女を提供したりした。

御手が付いてその女性に子供が出来ると、貴人との縁戚関係になり家の名誉とも考えていたので、長者の家では詩歌管絃の素養まで身につけさせていた。源義朝の寵愛を受けた大炊も、そうした部類の女性だったのである。

この傾向は、平安時代末期頃から益々盛んになり、貴人や身分の高い者の宿泊に応待できるように日ごろから美人を抱えていて、いつしか高級娼婦を置く場所となり、やがて長者といえば宿駅の高級娼婦を抱える家の名称となり、また高級娼婦をも長者と呼ぶようになった。

こうした観念から『浄瑠璃物語』に記されるように、「母はやはぎ（矢矧の宿）の長者にて、海道一の遊君なり」という表現になり、『麓の色』では「遊君の長者は凡て女也」と、遊女屋の女将の名称にも用いられた。

つまり、その宿駅で一番の遊女屋が長者であり、経営者が長者であり、遊女中の第一人者が長者といわれるように、意味が変わっていったのである。

美濃国青墓の長者、遠江国池田の長者、駿河国平越の長者等が有名で、宿駅の中で一番の遊女屋及び遊女を長者といったのは、南北朝頃まで言われたことで、『太平記』などにも記されている。

二〇　室《むろの》君《きみ》（三善清行《きよつら》『意見十二箇条』・『謡曲』）

室君は、中古播磨国（兵庫県）室津の湊に屯《たむ》ろした遊女をいう。以降、遊女のことも室君ともいうようになった。

謡曲の『室君』に、

これは播州室の明神に仕へ申す神職の者にて候、扨《さて》も天下泰平の折節なれば、室君たちを船に載せ、囃物をして神前に参る御神事の候

とあり、古くは室の明神の巫女で、御神事の時に囃方と共に船に乗って、巫女舞いをした。

室《むろの》君《きみ》

『法然上人絵伝』の巻三四　絵五にも、法然上人が船に乗った遊女・白拍子、人々を教化している場面が描かれているから、この湊に泊した船人や旅人を相手にする遊女が多くいたといえる。瀬戸内海航行には、一日行程で河尻泊、大輪日泊、魚住泊か韓泊、檉生泊と五泊があり、この檉生泊が「むろう」泊であることは、延喜十四年（九一四）の三善清行の『意見十二箇条』によっても窺われ、古くより泊地であった。

　有力者の旅行において、昼夜狭い船内にいる生活は退屈であるから、湊に入ると上陸したりすることは『土佐日記』でも明らかで、上陸して休息し、その土地を楽しむが、往々にして酒宴を催し、また女性に近づくことを好んだ。そうした点から遊女も湊を稼ぎ場とし、いわゆる「港々に女あり」という言葉も生れた。上陸しない者に対しても、遊女を乗せた小船が近付き、乗船して船上の者を慰める。こうした船上の人と遊女との関係は、江戸時代にまで続き、大船が入港すると遊女達を乗せた船が近付き、宰領する者が船人と交渉して遊女を送り込んだ。

　近世では「一夜妻」といって芸事に堪能な遊女は少ないが、肉体の提供から身の廻りの世話までする世話女房的な傾向になったが、中世は専ら枕席に侍るための存在であった。

また一夜上陸した旅人が遊女屋で遊び、朝になって船に戻るのを常としたが、風雨が強いと幾日も逗留したことは、東海道の川留《かわどめ》と同じである。室の津は『播磨国風土記』にあるように「この土地は風を防ぐこと室の中にいるような地形のために名付けられた」とあるように、良港であったから江戸時代まで殷盛《いんせい》を極めた所である。

二　湯殿を覗見《のぞきみ》（『太平記』）

後醍醐天皇が鎌倉の北条氏を滅して政権をとり戻した建武の頃（一三三四年ごろ）は、これに功あった公家・武家が俄かに時めいて、二条河原の落書にあるように、独善的少壮《こき》公家と成り上りの田舎武家が顕官面をして横暴を極め、世は再たび乱れようとしていた。

出雲国の佐々木塩谷判官高貞は、朝廷に諂《へつら》って龍馬と称する駿馬を献上して、廷臣間に物議を醸したりしたが、何の功あってか帝の御外戚早田宮《さわたのみや》の御娘で弘徽殿の西の台の方を妻として下賜された。

その美貌の噂を耳にした足利尊氏の執事高師直《こうのもろなお》は生来の好色漢であったので、何とかしてこの御方をものにしようと奸計をめぐらし、いろいろの物を送ったり、兼好法師（『徒然草』の筆者）に恋文を書かせて送ったが、返事もなかった。そこで薬師寺次郎左衛門公義が、また代筆して送り文したところ、ただ「重きが上の小夜衣《さよごろ》」と『新古今集』の十戒の歌を詠んで奥に引込まれた。拒絶の意であるが、師直の恋慕心はいよいよ募り、せめてこの御方の裸姿だけでも見たいと、侍従局《じじゅうのつぼね》という女房の手引で、御方の湯殿での姿を垣間見ようと忍んだ。これは反って横恋慕をあおり立てるだけで、夫の高貞を亡きものにしても得ようということになり、高貞は謀反の濡れ衣をきせ

湯殿を覗見《のぞきみ》

られて滅ぼされ、出雲国に脱出しようとした御方も、追われる途中で自滅した。

女性の入浴姿を覗き見するのは、平安時代にも例があり、『病草紙《やまいのそうし》』絵巻にも描かれている。

後世の『仮名手本忠臣蔵』は、浅野内匠頭事件を実名で演じられないので、この物語を藉《か》りて浅野内匠頭が塩谷判官高貞、吉良良央が高師直、西の台の方を顔世御前に作ったので、後世では高貞の妻を顔世という名であると思われるようになった。顔世は容貌《かおよし》美で美人のことである。この事件は『太平記』に記されているが、女性の入湯中の盗み見は現代に至るまで絶えない。高師直は策略を廻《めぐ》らして御方を手に入れるために、夫を謀反人に仕立てて滅亡させたが、御方も自殺したので虻蜂とらずに終わり、やがて策士は策に溺れるの譬えで、師直自体も自滅する結果となった。

「顔世御前脱衣の図」は、菊地容斎始め多くの日本画家が描いている。

二二　清水《きよみず》坂の遊君

平安時代頃より京都清水坂には遊女がいたことは、『今昔物語』などでも記されている。ここは十一面観音を本尊とした西国三十三カ所の第十六番目に当り、京都の観音の霊所として貴族・庶民の厚い信仰を受け、寺に至る坂が殷賑を極め、半分盛り場的となった。

こうした寺詣での客相手に土産物売り、飲食店に混って遊君も出没し、古くから歓楽の巷と化していた。情が細やかで遊楽の泊まり客を、朝に婉情を以て送り出す風習は、ここから始まったといわれる。

清水坂の遊君

このほかに、往来に出て遊客を招く者も多く、『七十一番職人尽歌合』立君の歌にも、

宵の間はえり余さるる立君の
五條わたりの月ひとり見て

とあり、また建武元年（一三三四）の有名な『二条河原落書』にも、

たそがれ時になりぬれば、うかれてあるく色好み、いくばくぞや、数知らず、内裏おかみと名付たる、人の妻鞆《つまども》のうかれめは、よそのみる目も心地あし

とある如く、夕暮時になると後世の夜発《やほち》と同じように、往来に現われるのも清水坂あたりであった。後世は五条や、江戸時代には島原、伏見町に盛んになったが、平安頃から南北朝頃までは、清水坂界隈が下級遊女の巣であったらしい。

なお京都には辻君《つじぎみ》も横行した。

二三　南北朝頃の風呂屋の女（『太平記』）

客を風呂に入れる営業は中古既にあったらしく、古い例では『太平記』巻第三十五　南方蜂起事付畠山関東下向事の条に、

今度の乱は、併《しかしながら》畠山入道の所行也と、落書にもし、歌にも詠、湯屋風呂の女童までも、もてあつかひければ云云

南北朝頃の風呂屋の女

とあり、これは延文五年（一三六〇）楠党《くすのきとう》の蜂起によって、京都の足利方が味方同士で争った騒動をいう。畠山入道の評判悪く、五条の橋の橋詰に落首の高札が立てられたり、六角堂の扉に落書されたので、入道は居堪《いたたま》らなくなって関東に逃げ出した。

こうした騒動や状況は、口善悪《さが》ない京童にはすぐ伝わり、日頃威張っている面憎《つらにく》い武家の陰口をきくのであるが、大衆の利用する風呂屋にまで拡まるの

で、風呂屋の女童部《おんなわらべ》(女性と子供の意であるが、童部は賎称であるから、風呂屋の垢掻女《あかかき》を蔑称して女童部という)といわれた。

この時代の風呂屋がどういう形式であったかは不明であるが、鎌倉時代末期に描かれた『慕帰絵巻』には端で釜に湯を沸し、その湯気熱気を密室に通す蒸風呂が描かれている。この形式は江戸時代初期にまで及んでいるから、おそらく同様のものが湯屋風呂であったろう。

この室《むろ》のような所で汗をかき、そこで垢掻女が身体を擦って垢を落し、湯をもって浴せ流す方法であったと思われる。今日のサウナ風呂の前身のようなものであろう。


こうした所には入湯者の垢をかく専門の女性がいて、密室的場所であるから当然好色心も起こすであろうし、女性も稼ぐために応じたであろうから、必然的に売淫も行われるし、これを行うことによって客の来る率も多くなる。

桃山時代から江戸時代初期に流行した風呂屋は、こうした前提によって栄えたのである。この蒸し風呂の遺風が、江戸時代の銭湯の柘榴《ざくろ》口構えである。これは地方の温泉も同じで、垢掻女は湯女《ゆな》として伝統化し、湯女は売淫を兼ねるものとの認識となり、風呂屋に行くということは遊興特に性欲の吐け口の場所と見るようになった。

『太平記』に、京洛の評判になる人の口の端の例として、わざわざ「湯風呂屋の女童部までも」と表現することは、如何に広く評判されたかということと、湯風呂屋の女童達の階層が、すでに社会化していたことを物語るものである。

二四　真言密教立川《たちかわ》流（『受法用心集』）

ヒンドゥ教が性行為をもって解脱する手段とする一派があるように、日本においても密教の中には性行為を重要な秘事とするものがあった。天台宗系で摩多羅《またら》神という異形の神を祀ったり、真言宗の立川流等は、その顕著なものである。

特に真言密教立川流は、怪奇婬靡《いんび》極まる中の陶酔によって悟りを開き、超能力を身につけるという修行過程を持つ。立川流の基を作ったのは、村上源氏左大臣俊房の二男勝覚に師事した弟の仁寛《にんかん》である。

仁寛は、後三条天皇の第三皇子輔仁《すけひと》親王の護持僧であった。輔仁親王は帝位につくはずであったが、白河天皇、堀河天皇、鳥羽天皇と位をついだので、失意のまま仁和寺に篭られた。この経過を見ていた仁寛は、白河法皇方に対する厭魅《えんみ》の法を行って、秘かにクーデターを画策したが発覚し、仁寛一味は永久元年（一一一三）に遠流となった。

仁寛は伊豆に流され、土地の人に教えを説くようになったが、吽《うん》（男）、阿《あ》（女）、金剛界、胎蔵界の合体を男女交合にたとえ、そこから即身成仏に至ると説き、この信仰は忽ち広まった。この噂を聞いた立川の陰陽師《おんみょうじ》が加わって、密教と陰陽道を理論的基盤とした教義を立てた。これを俗に立川流という異端の密教であるが、仁寛はその後投身自殺した。然し、この密教は民間に拡まり、各宗の学僧も多かれ少なかれその影響を受けた。

鎌倉時代末期に至って、律宗から出て後醍醐天皇の護持僧と東寺の長者、醍醐寺座主を務めた文観《もんがん》（弘真）がこれをさらに体系化し、多くの著述を著して拡めたので、立川流は一に弘真流ともいわれた。

文観は茶吉尼天《だきにてん》法を修して有名であり、北条政権打倒、足利政権打倒に極力尽したので、数回も遠島の憂き目に

真言密教立川流

遭ったが、終始南朝に忠誠を尽し八十余歳で吉野に没した。仁寛が果して創始したかどうかは不明であるが、立川流の本尊は髑髏《どくろ》本尊といって特殊な高位の人の髑髏を用い、本尊の形は大頭、小頭、月輪《がちりん》形のどれか一つとし、これに舌や歯を補って漆を塗り重ねて人の首のように作る。それを仏前に置いて、前もって定めておいた美貌の女性を連れ込んで、そこで媾《まぐ》わいし、溢れる二渧《たい》（男女の愛液）を採って髑髏に一二〇回塗る。これが済んだら真夜中に反魂香《はんごんこう》をたいて、その煙に髑髏をかざしながら反魂真言を千遍唱えること数日行う。

次に真言秘密の符を髑髏に墨書し、中に詰物してから表は金銀箔を三重に貼る。歯は銀箔、唇に朱を挿すが、絵具を溶くのにも男女の二渧を用いる。完成したら祭壇に供えて、それに山海の珍味を捧げ、また激しい媾わいを行い、後に錦の袋に入れて七年昼夜怠ることなく祈ると、その行者は過去・現在・未来の三世を見通せるようになるという。

終始媾わいして男女の愛液を用いる婬靡な宗教「淫欲是道」で、これは弾圧されたにもかかわらず、秘密結社的に当時広く信仰された。但し文観の著した夥しい教典類は、反対派によって殆んど焼却され、現在では断片が残存するだけである。

二五　朝妻船《あさづまぶね》（『山家集』『東《あづま》の道の記』）

朝妻船とは小舟を漕ぎ寄せて売淫する船で、江戸時代の船饅頭《ふなまんじゅう》と同じ。地域によっては筑紫船、熊野船ともいう。名の起こりは近江国（滋賀県）坂田郡朝妻湊に出入し、琵琶湖を往復した船をいうが、この舟に乗って湊や旅人に春を売った妓がいたので、船の名が売春婦の名称となった。この湊は古くより有名で、『倭名抄《わみょう》』にも坂田郡、朝妻郷、安佐都末とあり、『山家集』下にも「おぼちかな伊吹おろしの風さきに、朝妻船は会いやしぬらむ」とある。仁和寺の僧正尊海の『東の道の記』にも、朝妻の浦に泊りて其朝起き侍《はべ》りて、見し夢の朝づまぶねや立ちかえる、涙ばかりを袖に残して」ときぬぎぬの別れの名残り惜しむ風情からも、中古から船上の遊女がいて有名であったことがわかる。

然し江戸初期頃までは繁栄を極め、遊女の数も多かったが、湊が米原に移ったので衰微した。享保頃に書かれた『近江輿地誌略』に、「筑摩村の北にあり、此地古昔は、湖東の大湊にして、往来の船ここに懸りて繁昌せり。百五六十年以前より船懸からずなりぬ。慶長の比《ころ》より湊米原へ変る故也」とある。したがって、朝妻船の遊女も廃れてしまった。

然し朝妻船という名を一躍有名にしたのは、多賀長湖という画家が、将軍綱吉の寵妾おでんの方を『百人女臈《じょろう》』という絵本の中に入れて風刺したので罪に問われ、三宅島に流されたが赦されて戻り、英一蝶《はなぶさいっちょう》と名を改め、小舟

朝 妻 船

に烏帽子水干の遊女（白拍子）を描いて朝妻船と名付けた。

これが評判となり朝妻船の小唄が流行し、長唄に作られ、踊りにもされて有名になった。一蝶は中院権中納言通勝に学んだといわれ、「此寝ぬる朝妻舟のあさからぬ、契《ちぎり》を誰にまたかはすらむ、あさづま舟は、あさからぬの序なり、一夜妻にもかけたりと書きたる短冊を得たり、因《よっ》て意匠したり」などと伝えられている。中古は、鞆《とも》の津、室津などと同じように、港々には船上遊女が諸方にいた。

二六　立《たち》君《ぎみ》（『七十一番職人尽歌合』）

立君とは、夕刻に街の辻などに立って、客を誘って春を売るのであるから、江戸時代の夜発《やほち》、辻君、夜鷹の類と同じであるが、江戸時代の辻君、夜鷹は屋外での売春である。

文安年中（一四四四～四八）に記された『七十一番職人尽歌合』中　三十番に、「たち君　宵の間はえりあまさる立君の　五条わたりの月ひとり見る」とあって、立君が往来の男に声をかけて誘っている図があり、詞書に「春は御覧ぜよけしからずや」といい、男は「能《よ》見《く》まうさん清水迄入らせ給え」といっている。

立君の一人は小袖姿に頭に布をつけて市女《いちめ》笠をかむり、もう一人は小袖に被衣姿である。

立《たち》　君《ぎみ》

それに対して二人の男は、辻君の家を訪ねる武士の供侍らしく、一人は小袖の裾をまくり上げて脛《すね》を出した若者で、主人の長太刀を立て、一人は侍烏帽子に小袖・袴で、道案内のための松明を持つ。武士が辻君の家の門に立っているが、これは交渉して屋内に入るところ。外の供侍二人に二人の立君が誘いをかけている図から見ると、この時代の辻君は後世の局見世の如く遊女長屋にいて客をとり、それ以下の級の立君が供侍など身分の低い者相手に、屋外で春を売ったらしい。

辻君（詞書では辻子君）は「や上臈《じょうろう》（一般的には身分の高い女性をいうが、この時代は、男性にも用い、お世辞に旦那というのと同じ）いらせ玉へ」と頭を桂女《かつらめ》包みにした年配の女性が招いている。後世の遣手《やりて》の類いであろう。

二七　戦場に出張する遊女（『平家物語』『源平盛衰記』『太平記』）

古来戦争には略奪・強姦が付きもので、その土地の武士が勝っても民衆の被害は甚大であった。戦う武士にとっては明日知れぬ生命という自棄的な気持ちがあり、敵を殺戮する異常心理から、平常とは異なる行為をして恥じぬ事が往々にして通用する。逃げまどう女性、捕虜になった女性は、こうした対象にされる。心理学的に、戦争と性は切り離せぬものである。

このような状態の中に、進んで身をまかせに行く女性もある。

港津や宿駅の遊女達が強制的に、また稼ぐために、宿陣の場所に集って来る。こうした例は、源平争覇期すでにあらわれている。『平家物語』『源平盛衰記』等に、源頼朝追討に東下した平権亮少将維盛《これもり》は、宿々で傾城どもを召し集め、富士川の西岸に陣を張って遊宴したが、水鳥の群の羽音を敵襲と間違え戦わずして大敗走したので、その混雑に多くの遊女が踏み殺された。

戦場まで出張して稼ぐ遊女も生命懸《いのちがけ》であったが、明日知れぬ将士の報酬も多かったから集って来るのである。

戦場に出張する遊女

『太平記』千剣破《ちはや》城攻《しろぜめ》の項にあるが、僅かの手勢で篭城した楠木勢を関東数十万騎で取り囲んだから、落城は寸前であった。そこで寄手《よせて》の大将達は、態々《わざわざ》江口・神崎から遊女を集めて陣中で遊宴した。

おそらく楠木勢の軍兵も女を欲したであろうから、近郷近在の土妓や婦女を集めたであろう。

こうしたことは後世まで続き、戦場には女性が付きものであったから、篭城した側も守備兵を慰労するために、篭城に際して遊女を城内に入れたことが、『北条五代記』にも見られる。

また豊臣秀吉が小田原を包囲したとき、秀吉は淀君始め多くの女性を呼び寄せたので諸大名もこれに倣《なら》い、宿駅の遊女や、田舎の遊女が、小田原包囲の各陣所近くに屯ろした。

これらの遊女は戦争目当てに一稼ぎするために集るのであるが、『甲斐国妙法寺記』にあるように、捕虜を奴隷として売り飛ばし、女性は当然売女とされたであろうし、誘拐された女性も多かった。

『信長記』天正七年（一五七九）九月二十八日の条には、下京場々町門役の女房は八十人程の女性を誘拐して、和泉国堺の遊女屋に売り飛ばした事が発覚して処刑された記事が見られる。

こうした遊女達は威嚇に負けて遊女となったり、危険の場所を好んで大儲けをしようと、生命を張って出張して来るのと二種あった。

二八　桃山時代の風呂屋売女《ばいじょ》（『慶長見聞《けんもん》集』）

南北朝頃の記録に見られる風呂屋女は、桃山時代頃には、すでに風呂屋売女または湯女として、遊女と並んで社会的位置を占めつつあった。『武江年表』の慶長年間（一五九六〜一六一四）の記事に、

　此時風呂屋湯女流行出す

とあり、また『慶長見聞集』にも、

其此《そのころ》は風呂不鍛練の人あまたありて、あら熱の湯之雫《しずく》や、息がつまりて物もいはれず、烟《けむり》にて目もあかれぬなどと云て、小風呂の口に立塞《ふさが》り、ぬるき風呂を好みしが、今は町毎に風呂あり。鐚《びた》十五銭廿銭づゝにて入る也。湯女と云てなまめける女ども廿人卅人並び居て垢をかき、髪をすすぐ。

と記され、蒸風呂に馴れていた当時の人々にとっては、湯槽に浸って入湯する行為は温泉以外に経験がなく戸惑ったらしい。

桃山時代の風呂屋売女

　然し風呂屋の客を一遍に収容する人員は限られているにもかかわらず、湯女の方は廿人、三十人と待ち構えているのであるから、垢を掻く仕事だけでなく、客の需《もと》めに応じて酒食の遊興から、売淫まで行なうので、人数を常時揃えておく必要があった。

　入湯に馴れない者にとっては、湯槽に溢えた湯は熱く感じたであろうし、首まで浸ると身体が圧迫されて息苦しく、湯気を烟と

間違えて目を閉じたりしたようであるが、入湯の風習は急速に普及したらしい。

馴れれば、蒸し風呂で汗を出して皮膚面の垢を浮かして垢を掻くより、入湯して全身を温めて垢を浮かして、出てから身体を洗う方がより合理的で保健上も良いし、重ねて入湯も出来るから、蒸風呂より入湯風呂の方が流行するのは当然である。

但し垢掻女は、入湯客の垢を掻くという名目で定着したのであるから、垢を掻き、髪を洗いなどが表向きで、本質は客に欲情をそそらせて、座敷に戻ってからの遊興と売色に本領をあらわしたので、これを風呂屋売女とか湯女と呼ぶようになった。

湯女は湯娜とも書き、『好物訓蒙図彙《くんもうずい》』に、

風呂屋もの、すゝ竹玉子色の木綿衣装に黒い半襟、鼈甲《べっこう》のさし櫛、つま高く袖ゆだかにひんとし、しゃんとして物いひも風俗やかまし。烟管《きせる》手に離さず、酒ぶり節分に豆蒔くやうにして投節調子高く、世続曽我の道行しらぬはなし。

とあり、当時意気のよい風俗だったのである。

二九　江戸時代初期の風呂屋売女（『慶長見聞集』）

『守貞謾稿』に風呂屋売女、湯女、垢すり女の説明あり。『太平記』を引いて南北朝時代に湯風呂屋の女童として存在していたことより説いて江戸時代も盛んであったが、慶安年中（一六四八～五一）禁じられ、垢磨《あかすり》女として黙

認され、天保頃にやがてこれも禁じられた。艶めいた女性が入湯客の垢を落とし、髪を洗った後に二階で酒食を出して売春した。神田の堀丹後守の門前の風呂屋の遊女達は、江戸中の伊達男が衣服を凝らして通ったので、この風俗を丹前風といった。

『慶長見聞集』にこの風呂屋売女を叙して

扨又其外に容色類ひなく心ざま優にやさしき女房ども湯よ茶よと云て持来り、戯れ浮世がたりをなす

とあって、垢掻女だけでなく、容貌《きりょう》良い女性を抱えていて、サービス万点で、湯茶の接待までし、くつろぐ間の話相手まで務めるようになったのであるから、保健上身体を清潔にするために行くための風呂屋ではなく、心の開放と休息娯楽の場所でもあった。

江戸時代初期の風呂屋売女

したがって、江戸初期までの風呂屋は子女の行く所ではなく、男性の行く所であったらしい。

つまり身体も洗うが、遊興の場所でもあったから売色専門の家より繁昌する筈で、その為に公認の遊廓葭（吉）原などから苦情が出て禁止となった。

入湯料は鐚銭《びたせん》十五文から二十文であるというから、女性を抱かずにくつろぐだけでも安い。鐚銭とは日本で鋳造

した寛永通宝のことで、中国銭の永楽通宝の方が価値があり、永楽銭一文は寛永銭四文出さねば通用しなかった。故に、永楽銭だと四枚か五枚で入湯し、垢を掻いてくれたのである。後世は垢を掻くとは言わず、身体を流すとか、背中を洗うといい、銭湯制度が確立すると垢掻女は禁止されて姿を消し、代りに三助という背中洗い専門の男子の職業となり、髪を洗うにも湯銭のほかに湯水料として徴集されるようになった。

垢掻女の仕事は朝から夕刻七時までで『落穂集』によると、

昼の内風呂入人の垢を流し候湯女も七ツ切りに仕廻《しまい》、それよりは身の支度を整へ暮時に至り候へば風呂の上り場に用いたる格子の間を座敷に構へ、金の屏風など引廻し、火を燈し、件《くだん》の遊女ども衣裳を改め三線を鳴し小歌やうの物を謡ひ客集めをせし也。右の風呂屋小挽《こびき》町辺にても一二軒ありしと。

等と記され、夕刻になると忽ち遊女屋風に変わるのであった。江戸時代初期の浮世風俗絵を見ると、一階が入湯場で二階が遊興の場となり、芸者制度の確立しない以前は、湯女も三味線を弾き小唄もうたって興を添え、客の需めにも応じたので、公娼より安直であった。

しかし大衆の欲望は無視され、公娼の苦情を採り上げて寛永年中（一六二四～四三）に江戸中の風呂屋の湯女一軒に三人ときめられ、違反した者は葭原大門の外で処刑にし、その後も違反湯女は悉く葭原に遊女として下げ渡したので、遊女兼業の風呂屋は殆ど葭原に移って遊女屋となった。

三〇　風呂屋売女勝山《かつやま》（『好色一代男』）

風呂屋売女で有名だったのは、後に遊女に転向した勝山という女性であった。

寛永頃の女性であるが当時遊女の代表の高尾などと匹敵するほどの評判で、神田丹後守屋敷の前方に当たるので丹前風呂といわれた津の国風呂の市兵衛に抱えられた女性である。だが寛永の風呂屋女制限の弾圧で、市兵衛が風呂屋を廃業した為に、葭原に移って勝山と名乗った。井原西鶴の『好色一代男』巻一に、

江戸にて、丹後殿前に、風呂ありし時、勝山といえるおんな、すぐれて、情もふかく、髪かたち、とりなり、袖口広く、つま高く、万《よろづ》に付て、世の人に替りて、一流是よりはじめて、後はもてはやして、吉原にしゆせして、不思議の御かたにまでそひぶし、ためしなき

と記され、上方にまで聞えた女性である。

『異本洞房語園』にも記され、

寛永のころ、かぶきの真似などして、玉ぶちの編笠に、裏付のはかま、木太刀の大小をさし、小唄うたいせりふな

風呂屋売女勝山

どいふ。其振舞《ふるまい》見事にて、風体至てゆゆ敷見えしと也。

とあり、歌舞伎の若衆姿で闊歩してあるいたので有名であった。その時代については寛永から明暦頃まで諸説あるが、名を後世にまで残したのは勝山髷という結髪法である。

それまでは遊女や粋な女性は唐輪か島田髷・兵庫髷で、これらは時代の流行によって少しずつ、変化しているが、勝山の結髪は『嬉遊笑覧』などの考證によると、根で結んだ髻《もとどり》を後ろから前に曲げて輪とし、髪先を髷の内側へ折り返して根の所に元結で結ぶ。片外しという結髪に似るが、髷が片側に寄らないで、笄《こうがい》を使ったらしい。現在では『歴世女装考』などの図によって想像するしかないが、屋敷風と若衆風の混ったようであるから、美貌の若衆的艶にも凛々しさを漂わせ、一世を風靡したらしい。

第三部

近世編

三一　桃山時代から江戸時代の遊女風俗（『近世風俗志〔守貞謾稿〕』）

桃山時代は実力によって下層の者が地位を得たりする現実的社会であったので、人々の気質も比較的開放的であったから、遊女達の権威付けもあまりなかった。しかし江戸幕府の基礎が築かれ、大名・武士の地位を固定化するようになると、万事、権威を看板とするようになり、遊女にまでランク付けがなされるようになった。

江戸時代初期の遊女の風俗は、桃山時代の風俗が引続いて行われた。髪は唐輪髷《からわまげ》といって、髷を後頭部に立てて巻いたもので、前髪を左右に分けて垂れ、鬢《びん》も髱《たぼ》も未だ明瞭でなかった。衣類は高級遊女は贅沢で、鹿の子絞り地に染抜模様や金糸銀糸の刺繡や印金で、奥女中も一般庶民も及びもつかぬ豪華さであった。

外出には被衣をつけるくらいで未だ打掛は用いず、帯は俗にいう名古屋（名護屋）帯という細帯か、太い丸紐を幾重にも巻いたものであった。初代遊女高尾もこうした姿で、後世の太夫のように横兵庫髷《ひょうごまげ》に髪飾りを沢山つけて、打掛と前帯姿とは雲泥の差であった。

元禄頃（一六八八～一七〇四）になると兵庫髭の前髷を引きつけ、髱を後方に突き出し、鶺鴒髱《せきれいたぼ》といい、髷を大きく輪にしたもので、まだ鬢はふくらんでおらず、髪飾りも細櫛一本と太元結いぐらいである。これは勝山という遊女が結い始めて流行したので、勝山髷、勝山風といわれた。衣裳も袂《たもと》の長いものとなり、帯は前で結んだ。

江戸時代中期頃から前髪をふくらまして立てるようになって横櫛を挿し、髱はさらに後方に伸びて、いわゆる鷗髱《かもめたぼ》となり、これを根さがり兵庫と呼んでいる。衣装は襦袢に小袖であるが、長い袂を用い、褄《つま》をとり、帯は前帯である。

元禄時代頃の遊女（前髪を引きつけて髱《たぼ》を後ろに突き出す。勝山の創案という）
江戸時代初期の唐輪《からわ》髷《まげ》の遊女（初代高尾の頃）
江戸時代中期頃の遊女（前髪を立てず鷗《かもめ》髱《たぼ》とする）

遊女の風俗

江戸後期は兵庫髷が流行し、一般に横兵庫と呼ぶが、京・大坂・江戸で少しずつ髪型が違うし、髪飾りも異なる。要は鬢を鬢付油や鯨の髯《ひげ》で張りを持たせ、髷を大輪とした代りに髱が小さくなった形である。衣裳は襦袢小袖を着重ねて打掛を羽《は》おり、帯は一丈四尺（約四・五メートル）の幅広の織物帯を前で熨斗《のし》結びにする。

これらの衣裳は頗る豪華で、仕度は遊女自弁であるから、遊女の許に通う客にねだって費用を調達したり、遊女に惚れた客が歓心を得るために進んで費用を払ったのである。

三二　花魁《おいらん》の服装（『近世風俗志』）

花魁というと、すぐに横兵庫髷に沢山の櫛簪、前帯に打掛姿で黒漆塗り三本歯の足駄履き姿を連想するが、この服装が定着したのは江戸中期以降で、この服装に至るまでには多少の変遷があり、また地域によっても異なる。

大坂新町の太夫の髷は横兵庫で、紅・薄紅・水色の鹿子《かのこ》絞りの絹をまとい、三枚の櫛を差し、角耳《つのみみ》とし、前後の左右に松葉と丸耳の笄櫛を三本ずつ挿し、左右に歩揺簪《びらびらかんざし》と鼓をつけ、襟足に三本筋を描く。

京都島原の太夫も丸輪の横兵庫で、ひっつけ、つと台、つと挟み、びんみの、びんはり、たぼ、櫛さし、かぶた、副《そ》え、鹿の子、前髪立ち、うらうちなどを用いてふくらませ、飾りに花櫛、八本（簪を八本寄せたもの）、長崎（長崎に舶来された珊瑚の製品をいう）、花簪、鹿子留、大長、鼓等をつける。時には、島田髷のときもある。

江戸の太夫も横兵庫髷であるが、輪を大きく上に取って二つ山形とするのは符号の入山形のような形とする。櫛は前髪奥に二つ。花簪を用いる時とつけない時とあり、八本はそれぞれ別個にして前髪の左右から挿す。鹿の子や

江戸新吉原の太夫
京都島原の太夫
大坂新町の太夫
花簪《はなかんざし》
八本
積み夜具
黒漆塗三枚歯
黒漆塗三枚歯
黒漆塗三枚歯
煙草盆
隅赤箱
小物入れ
枕箱

花魁《おいらん》の服装

総角《あげまき》を用いないので、すっきりして粋な髪形であり、首筋に襟足を描かない。

衣類は襦袢の上に小袖を着重ね、打掛は襟を抜くように低くとり、褄を取るが、豪華な織物に刺繍模様で、頗る高価の品を用いる。

帯は前帯で、時代の降《くだ》るごとに幅広となるが、これも刺繍模様である。長持、煙草盆等も、梨子地か金銀蒔絵、時には定紋入り。

寝具も贅沢な品で、これらは客に費用を持たせて揃えるので、積み夜具といって畳んで見えるようにし、これらの費用を負担した客に用いる。

したがって、遊女に打ち込んで諸道具調達に金を出した客のときには、それらを出して用いるのが、遊女の誇りでもあり、客の見栄でもあった。

こうした遊女は、最初に登楼した客には初会《しょかい》といって枕を共にせず、二回逢ったときに裏を返すといって親しくなるが、まだ肉体は許さない。三回目に逢って、初めて馴染といって枕を共にする。それには馴染金を出すが、だいたい二両二分以上、このほか枕を共にする時に床花《とこはな》といって五両から十両位出す。このほかに、チップ付届《つけとどけ》として二階花（二階にいる廓楼の者）か、惣花（遊女屋全体に働く者）を振舞わねばならぬのであるから、御職遊女と同衾するのは莫大に金がかかる。

大見世になると、見世女郎までが大なり小なり、このように金をまくのであるから、遊女買いは大変であった。したがって、大身《だいしん》の武家か裕富の商人級が大籬《まがき》に遊ぶのであり、中流の者で半籬《はんまがき》、豊かでないものは格子《こうし》、下層は局見世《つぼねみせ》に通うしかなかった。

三三　江戸幕府公認の遊廓吉原（『近世風俗志』）

江戸開府の頃は鎌倉河岸、大橋内柳町その他に遊女屋や風呂屋が散在していたのを小田原北条家の浪人庄司甚左衛門（甚内）が慶長十七年（一六一二）幕府に願って一カ所に集めることが許され、城東の地の葭《よし》の生えている所二町を賜わって、ここを遊廓とした。

後の難波《なにわ》町、高砂町、住吉町に当たるが、明暦三年（一六五七）正月に江戸中が焼けたので、浅草田圃に移る命をうけ、ここに二町（約二四〇メートル）に三町（三六〇メートル）の地と一五〇〇〇両を下されて開業したのが新吉原の始まりで、日本堤の土堤南下に当たった。

土堤坂を下りると突き当りに吉原廓の大門があり、回りは御歯黒溝《おはぐろどぶ》という堀割で囲まれ、塀内は黒板塀である。中央は門から奥まで大通りで中央に桜並木があり、これに面した街が中の町といい、茶屋が変じた揚屋であった。入口には四郎兵衛番所という面《おもて》番所があり、廓の出入りの人を見張る。奥に向かって左が角町、右が揚屋町、一番奥が京町の一丁目と二丁目、東南角が新町で、俗にいう羅生門河岸《らしょうもんがし》、塀に沿って南ワル河岸、伏見町河岸と続き、ここは下級の局見世であった。

中央桜並木の所には、火伏せの神・秋葉様が祀ってあり、四隅には稲荷社があった。

遊女屋の大きいのを大見世または総籬《そうまがき》といって、だいたい間口が十三間（約二六メートル）、このうち四間（約八メートル）が見世で、その右側五六間（約一〇メートルから一二メートル）を幅七寸（約二〇センチ）の隙き間の格子とし、入口は九尺から二間（三メートルから四メートル）、脇に一間（約二メートル）の格子をつけた供部屋があった。奥行

吉原（『絵本江戸爵』喜多川歌麿による）

は二十二間（約四四メートル）の地域に、庭を除いて惣二階作りであった。

中見世は半籬ともいい間口が十間（約二〇メートル）以下で、見世の格子が上半分か四分の一の分だけ格子がなかった。

小見世は小格子といって、格子の幅三寸（約一〇センチ）で、然も高さ二尺（約六〇センチ）で、間口も四、五間であった。

また仲の町の茶屋に出て客を待つ遊女を呼出《よびだし》というが、総籬級で、半籬は呼出しと張見世とあったが、置屋と揚屋が一緒になった頃に、座敷持と部屋持の区分となった。

座敷持は上の間と次の間を持っていて、番頭新造、振袖新造《しんぞ》、禿《かむろ》が付く上級遊女であった。以下は部屋を持たず、いくつも空いた部屋に客を入れて遊ばせた。

こうしたところから、各部屋に客を入れて、遊女が順番に回って部屋入りする回《まわ》しが行われ、これらの部屋を回し部屋といった。

『吉原細見』には、こうした格差を符号であらわしている。

大籬の店を■、半籬の店を▲◑、惣半籬を◓とし、一両一分のお職で新造付∧、金三分の新造付∧、一両新造付∧、金三分新造付で∧、昼夜金二分座敷持∧、金二分部屋持へ等の符号を遊女の名の上につけた。俗に入山形の花魁というのは、この新造付の座敷持、つまり上妓をいったのである。

三四　花魁《おいらん》道中（『近世風俗志』）

初めは遊女のいる置屋と、遊女を呼んで遊興する揚屋とは別であって、高級遊女と遊ぶのには先ず茶屋に行き、茶屋の世話によって一切が整えられ客は揚屋に移る。一方、茶屋から置屋に通達があって、遊女は仕度して揚屋まで行く。

京都の島原や大坂新町の太夫では、引舟《ひきふね》（江戸の番新と同じ）一人、禿一人、下男一人であるが、江戸は新造、禿、番新、抱えの者、花魁、遣手、煙草盆から夜具まで持参して揚屋まで歩いて行き、雨の時は抱えの若い衆に背負われ、後から傘さしかけられて行った。大人数なので、武家の行列になぞらえて、花魁道中といった。

後に置屋が揚屋を兼ねるようになってからは花魁道中は止み、折にふれてデモンストレーションとして花魁道中をやり、遊女の宣伝用となった。

その衣装や動員人数等に莫大の費用がかかり、単に廓内を練って歩くだけとなった。これも大正時代の初め頃には止んで、あとは芝居の上での花魁道中となった。

江戸時代後期では、年頭に仲の町の花魁が年始廻りに道中し、新造出し、仲の町の花見等に、禿、新造、留袖新造、番頭新造、遣手、抱えの者を連れるのが普通であった。

禿は十歳前後の少女で、花魁の身の廻りの小用を足す、新造見習。行く行くは美貌に成長するであろうと予想された貧家の少女が売られたものである。

新造は十四、五歳になって、遊女の見習いとして遊女の身の廻りを世話し、遊女生活に馴れるようにするので仕えている遊女が姉に当たり、遊女は新造、禿の衣類、化粧道具一切を負担するから、遊女の働きによって、これらの妹分の人数は異なった。

花魁《おいらん》道《どう》中《ちゅう》

新造は一般的に長振袖を着るので振袖新造というが、時には客の需めがあるので、そうした折りは抱え主や姉の遊女の了解のもとに客をとった。すると長振袖を止めて留袖になるので留袖新造といわれ、専用の一部屋をあてがわれた。

新造のまま年が長じたものは、遣手と同じく客の応待、また茶屋や遊女の行動一切を取りしきる番頭新造となり、これを番新といっていた。

遣手は遊女が年季明けしても他に行く所がないので、妓楼に勤めて年配になった者が遊女の指揮、監督と交渉一切を行なう役であった。

三五　吉原夜の店開き（『近世風俗志』）

『近世風俗志』第二十編　娼家下　菅垣の項に、

吉原町見世女郎ども黄昏《たそがれ》に至り夜見世を張る時内芸者ある家にては内芸者の役とし、無レ之家には新造の役として三弦を見世の敷居際にて繁弦するを今世の「すがかき」と云。故に夜見世をしらす菅垣《すがかき》など云て弾《ひく》レ之を合図に見世女郎ども上妓より次第に出来り見世に列座する也。正面を上妓とし左右を下妓新造の座とす。此時内證と云て主人の棲む席の隅に簾《みす》を下し鈴を鳴らす也。簾を下して障子を開く也。

とあり、遊女屋の夜店開きは、内芸者か新造の弾く「すがかき」という三味線の音によって、御職《しょく》から以下末の遊女まで、格子内の店に出て居並ぶが、御職は中央奥の上座に位置し、格に応じて居並ぶ。すると下足番の男衆が下足札に通した紐の束を振ってガラガラと鳴らす。これが合図である。その頃には行灯や「たそや行燈」に火がともされ、あたりの空気もなまめかしく、漂客がぞろぞろ大門を潜って来る。

菅垣とは清掻《すがかき》のことで、『源氏物語』にも見え、琴で用いた言葉で唄を伴わないで曲を弾くことが三味線でも行われ、二上りすがかき、江戸すがかき、三谷すがかき等があった。この店開きの時に内証（内所）ともいって抱主達の住む奥の部屋との境の障子をあけて、代りに簾を下ろす。外からは奥が見えないようにし、奥からは遊女の並んでいる所や、格子を通して外を通る人々の様子が見えるようにするためである。

お職や新造が三味線を弾けなかったりしたことが多くなったので、三味線弾き専門の芸者を抱えて、これを内芸者といって、遊女とは別扱いとなった。

吉原夜の店開き

三六　吉原遊女の太夫《たゆう》（『近世風俗志』）

吉原遊女の最高位のものを太夫と僭称した。太夫《たいふ》とは中国で五位以上の者に対していう言葉で、日本では従五位下を朝散太夫《ちょうさんたいふ》などといった。五位から宮中に昇殿を許されるのであるが、古くは遊女芸人が天皇、上皇等の御前に出るのに、地下人《じげにん》では昇殿できないので臨時に従五位下を与えた。この例をもって、芸人、職人も金納して官位名を名乗るようになったので、遊女の最高位を僭称して太夫と呼ぶようになったが、正確には「御職」といった。

これを岡場所でも真似たが、さすがに太夫、御職とは名乗り切れず、これを板頭《いたがしら》といった。名札の板のトップに置くからで、これらの名称は関西では用いず、江戸だけの呼称であった。

また遊女の上位の者を「花魁」といったが、客が下級の遊女にも歓心を買うために「おいらん」と呼んだので、遊女全体の呼称になってしまった。喜田川守貞の『近世風俗志（守貞謾稿）』によると、

新造及び禿などが己が仕る所の太夫を指して「おらが太夫子」と云しより下略して、唯おらがおらがと云、おらがはおのれらが略語也。己等等後におらがを訛《なま》りておひらんおひらんと云しより、今は太夫の称は亡びて吉原の上妓をおひらんと通称する也。（中略）又客も其他の人も吉原の凡妓をさしておひらんと云は、譬《たと》へは大関に至らざる小角力《こすもう》をも面会の時之を称して関取と云、戸主に非ざれども下賤者よりは旦那と称するが如き也。因《ちなみ》に云凡妓を指しておひらんなど云時「おひらん胴乱《どうらん》（鉄砲の弾の早盒を入れる革袋）が聞いてあきれる」と云。今世の方言洒落也。呼出し以下惣名を女郎と云。前の安永（一七七二～八〇）の細見《さいけん》を見れば、今世の呼出しおひらんと云は散茶《さんちゃ》なるべし。然らば花魁の名目何の比《ころ》より云初めけるか安永にはおひらんの称あるべからず。

と記している。

江戸時代公許の遊女の揚代（遊び賃）は時代によって多少の差があるが、『近世風俗志』第二十編娼家下によれば、太夫級で昼夜七十四匁（だいたい銀六十匁が金一両）、夜三十七匁であった。

吉原遊女は見識高く、初めて登楼した時は、「初会」といって身体を許さない。二度通うと「裏を返す」といって、やや親しくなる。三度通うと馴染といって、やっと身体を許すが、これには馴染金といって総纏頭《はな》（チップ）を配ったりして金がかかった。

吉原遊女の太夫《たゆう》

三七　遊女屋での遊び

江戸時代初期の公娼の吉原では、遊女の置屋と客の遊ぶ揚屋とは別であった。

吉原で遊ぶほどの客は、先ず傭《やと》い馬に乗って行くか、四手駕籠に乗って吉原の大門口まで行き、ここから廓内は徒歩となる。

当時の新吉原は場末であり、浅草田圃の真中にあったから、徒歩で行くのは近い所の人ぐらいで、それでも人目を避ける意味と、ゆとりある振りをして駕籠に乗り、馬はすたれた。

寛政頃（一七八九～一八〇一）で日本橋から大門まで二百文、浅草見付から大門まで一三二文、途中小諸《こもろ》節をうたう馬方をつけて白馬駄賃が二四八文で、浅草寺東から田町に行く道を馬道といって、今だに町名に遺っている。

江戸時代後期は、馬で行く者は殆どなくなり、四ツ手駕籠になった。駕籠屋は中央からであると小伝馬町の赤岩という店で、ここから大門口まで一挺二夫で金二朱、三枚といって手代り一人つけて三朱、雨天には賃増しをとった。

また大川筋から行く者は、柳橋から猪牙船《ちょきせん》に乗って柳原の土手まで行った。これは長吉という者が鮮魚を諸浦から江戸に送る押送り船をまねて、船底が薬研型の小船を作って客を送迎する船としたので、長吉船が訛って猪牙船となったともいう。

また明暦の頃（一六五五～五八）、浅草見付の船宿玉屋勘五兵衛と笹屋利兵衛が、この型の船を作って山谷通い（新吉原大門口方面）の客を乗せたのが始まりともいう。船賃は、だいたい一四八文であった。

また待乳《まっち》山方面から行くには、他見を憚かる者は泥町の茶屋で編笠を借りて大門を潜るので、これを編笠茶屋といったが、後には編笠をかむる者は殆んどなくなったという。

遊女屋に遊びに行く

こうして大門口を入るが、ここに高札が建ててあって、廓内の禁止事項が書かれていた。

廓内は大店・小店といろいろあるが、それは格子によって見分けられるようになっていて、格式もある大店は総籬といい、遊女が見世を張る表側を格子一面にはめた。

次が半籬といって総格子の一部に桟《さん》がないもの、小見世は小格子《こごうし》といって表面の上半分は格子のないものときめられていた。

また『新吉原細見』という木版の刷り物を呼び売りする者がおり、これには店々の名と遊女のランク付けが記され、揚代も種々細記してあるので初めて来る客にも便利であり、通い馴れた客には何楼にどういう遊女がいるということがわかった。

三八　遊女の揚代《あげだい》

遊女の揚代は、時代と遊女の格式によって多少異なるが、『近世風俗志』によると江戸吉原の太夫級で、一日の揚銭三十七匁、昼夜（九一日）七十四匁とある。

匁は銀の重量で、江戸末期頃には三匁七分五厘が約一朱に当たるから十朱少しとなる。四朱が一分であるから二分二朱、米の値段には時代によって差があるが、米が約二石前後買えるくらいであるから、泊りでなくても太夫級と遊ぶと、半歳以上の食う米を消費したことになる。まして泊りとなると七十四匁（金で一両と一分。米一年分の食《く》い扶持《ぶち》ぐらい）であるから、一般庶民では太夫級の遊女とは遊べなかった。ボロもうけの大商人か大身の武士、取り引き上接待された者ぐらいが太夫を買った。

安永四年（一七七五）の『吉原細見』では、太夫九拾目（匁）とあるから、金にして一両二分である。

次の級の格子が銀六拾目（匁）であるから、金一両、格子と呼出しが四十五匁、散茶が泊りで金三分（銀四十五匁）であったが、この他に座興として芸者を呼んだりすると芸者二人一組で一切り金一分（銀十五匁）もした。本来は遊女が三味線を弾いたり歌を唄ったりするのであるが、権威振って唄ったり弾いたりしない。但し、遊女は芸事がうまく出来ないのが本当であった。また料理を取り寄せると二朱と一分の二種類のいずれかとなるから、馴染になっても一度に一両以上から二両位、花（纏頭、チップ、心付けのこと）も一両から豪遊する者は十余両かかる。こうした過程を経て、初めて遊女と床入りするので、下級の私娼のようにいきなり女体を抱くわけにはゆかなかった。

但し、遊女が客に惚れた場合は、二回目で身体を許すことがあり、これを裏馴染《うらなじみ》といった。

遊女と初会

三九　遊女の股倉にせっせと金を運ぶ男性達

およそこの世で、好色心を持たぬ男性はいないが、江戸時代までは性欲を満たす場所が公然と設けられており、それが公認の遊廓であり、黙認の岡場所や酒興を助ける酌女、芸者達であった。これらは、客を多くとって早く解放されたいために励むが、それには身心を犠牲にして客に手練手管を使って、客を引きつけさせ、夢中にさせる必要があった。

『近世風俗志』第二十編　娼家下によると、享保十九年刊の『吉原細見』に、太夫四人、格子六十五人、散茶二人、新座敷持二九〇人、昼夜新二十二人、座敷持一二七人、部屋持三一五人、其他無印の下妓の局女郎を含めて一、二八三人、仲の茶屋八八戸、揚屋町茶屋二六戸とある。

吉原遊女の揚代（遊び代）は時代と客の出しっ振りによって多少異なるが、その店の御職といって太夫の高位の遊女で、金一両一分前後（銀にして八十匁近く）で米が二石くらい買えたものである。

格子女郎でも金一両（銀六十匁で米一石四斗位）、呼出しで銀四五匁（米九斗くらい）、散茶の昼夜三分も銀四五匁、銭一〇〇文で銀一匁とすると米四升ぐらいであるから、女郎買は最低でもかなり金がかかったわけである。

一度遊女と遊ぶと、その巧言麗色と肉体の魅力に負けて、度々逢瀬を楽しみたくなり、汗水垂らして稼いだ金も、遊女の前では惜気もなく使い、気ッ腑の良い所を見せようとする。

ボロもうけの大商人でも、ひとたび遊女の甘言に乗ると、昔からいうように「自惚《うぬぼ》れと瘡《かさ》っ気の無い男はいない」というように、遊女が心底惚れてくれたと思うようになり、無理算段をしても遊女に逢いに来たものである。

遊女の股倉に金を運ぶ男達

これは現代でも変りがないが、何の事はない、遊女の股倉の中央奥に、せっせと金を運ぶようなものである。

遊女の股倉は金銭吸収器であって、貯蔵する倉ではない。故に女性の大股の中央倉に、大勢の色欲亡者が列をなして金を運ぶ図は、葛飾北斎を始めとして、数人の浮世絵師が描いて色欲の凄さを揶揄《やゆ》しているが、こうした社会の女性の股倉に迷って身代を潰した男性は、古今東西を問わず枚挙にいとまなく、現代に及んでいる。

四〇　遊女の手《て》練《れん》手《て》管《くだ》

手練とは「しゅれん」のことで、日常訓練して、その業が巧みなことをいう。手管は手《て》段《きだ》の転化で方法、やり方のこと。つまり手練手管はいろいろな方法による巧みな業で、遊女が客を上手に騙して夢中にならせて、金を絞り取るテクニックをいう。

勿論、これは言葉巧みや態度だけでなく性技も含まれ、これらは遊女上りで、遊女の指導と監督役たる遣手（香車、華車、遣手婆あともいう）の教育と指示によって、この方法を覚えるのであるが、手練手管が下手で客あしらいが悪いと、抱え主は遊女を仕置《しおき》（罰を与える）するので、遊女も自然嘘をつき、客をたらし込むようになる。『傾城《けいせい》買談客物語』にも、

またおそろしく手有の花魁、うぬぼれ客のお天狗は、切掛られし紋日の苦しみ（中略）化《ばか》さるあり、化すあり。それこれ一箇の妖怪館《ばけものやしき》。爰《ここ》に至て退治するは、函関《はこね》から東地《こっち》の先生必ず魂を奪るる事なかれ、親の異（意）見も闇雲に、迷へば忽ちつれないの（紅《くれな》いに引っかけて、つれないは薄情の意）の舌を出して引込禿（出すに対して引込めるをかけて禿という）、身をつき出しの笠一蓋、身上《しんじょう》棒に振袖雛妓《しんぞう》（財産を失うことを棒に振るといい、振るをもじって、未成年の新造の振袖にかけた洒落）、これを無功《むこう》の人とや呼ばん。ああおそろしい哉。人を惑すの百百婆《ももんがあ》（ももんがあは「むささび」の俗称、獣類でありながら空中飛翔し、旅人の灯りを消す怪物と思われたので、百々《ももん》は年劫経た古婆あのことを婆を「があ」とよませてももんがあとし、こうした遣手に仕込まれた遊女に身代を根こそぎ取られて、人生を棒に振る好色男性の浅ましさを叙したものである。）

とあるように、見え透いたおもねりに溺れる遊冶郎《ゆうやろう》相手の遊女のテクニック上手が、かえって抱え主には良い遊女なのであった。

遊女の手練手管《てれんてくだ》

四一　水茶屋女

水茶屋とは、旅行とか散策の折りに休憩のために立ち寄って湯茶を飲んだり、また饅頭・団子等を食する所で、休み茶屋ともいった。

これらは葭簀《よしず》張りで囲い、縁台を列べ、釜に湯を沸し、茶道具を揃えた簡単なもので、行楽の場所に限らず、参詣の多い寺社の境内にもあったが、たいてい茶汲女という者を雇っていた。美人の茶汲女であると通う客も多く、ちょうど現代の喫茶店のようなものであったが、客は女性目当てで、口説きにかかり、女性も誘われて近くの待合茶屋に行って、しばしば売淫して稼いだ。

そこで出来たのが待合茶屋で、これはちゃんとした一軒建の家で、屋内は瀟洒に作られ、休憩、御休み処としての座敷貸業で、ここにも茶汲女の名目で、客の席に侍らせるようになり、簡単な料理も出した。

ここは男女密会の場所だけでなく、芸妓を呼んだりして遊んだ。

江戸吉原には、こうした茶屋のほかに、引手茶屋といって客を上げさせて吉原遊女と交渉事をして揚屋に導くものもあった。

また料理茶屋といって料理を食わせるだけでなく、芸者・遊女を呼んで遊ばせる所もあった。

この様に茶屋といっても種類があり、茶は座敷に通った時の最初だけで、あとは逢引や料理をつけて、芸者・遊女を呼んで遊ぶ場所として用いられたので、単なる休憩所の茶屋は水茶屋というようになった。

水茶屋では、上野寛永寺脇の笠森稲荷社境内の茶汲女、俗にいう「笠森おせん」が有名で、浮世絵画家・鈴木春信によって描かれ評判となった。

水茶屋の店奥に住居があるのと、店と住居が別のもので通って店開きするのとあるが、盛り場や寺社の境内のものは殆んど葭簀張りで、上方に短い暖簾を引き廻し、あるいは提灯を並べ掛けたり、お休み処と書いた小旗を掲げたりした。

水茶屋女

四二　宿場《しゅくば》女郎《じょろう》と飯盛女《めしもりおんな》

江戸時代の旅は、経済的に余裕のある限り宿場の宿に泊るが、大の男はたいてい旅の恥は掻き捨てといって放縦になり、異郷の女性に戯れることが多いので、宿場には旅人を相手する女性がいた。やがて、その数が増加していったので、幕府も大名領も一部を公認するほかはこれを禁じ、飯盛女（食事の給仕をするという名目）として黙許したが、売春が行われることは変りがなかった。

東海道を例にとっても、宿場女郎と飯盛女のいる所が多い。先ず江戸の出入口の品川宿は宿場女郎で揚代銀十匁または二朱（六百文）、五百文、四百文とあり、これを六寸、五寸、四寸などといって「廻し」をとる女郎達で、張見世《はりみせ》であった。

次の川崎宿は飯盛女で四百文、茶屋出で六百文、神奈川宿は料理茶屋的旅篭で、飯盛女の揚代七百文から五百文。程ケ谷は飯盛女五百文。戸塚も同様であった。藤沢は五百文、二朱（六百文）、七百文。平塚は飯盛昼は三百文、夜は四百文。

大磯を越して小田原は殷賑を極めた城下町で、飯盛女七百文と高い。箱根は飯盛女はいないが招女《とめおんな》という給仕を口説けば二百文。三島は繁華の地で飯盛女五百文であるが、少し調子に乗ると一貫文は軽くとられるので、ここの女は「一貫樋《ひ》」という仇名があった。

沼津は飯盛五百文。原は次の宿場吉原があるから遊女はいなかった。吉原は身延山道があり、賑やかな宿場で宿場女郎の揚代五百文。次の蒲原《かんばら》は飯盛五百文、次の由井《ゆい》も同じである。興津《おきつ》は飯盛女は三百文と五百文。次の江尻

宿場女郎と飯盛女

も同じである。府中は徳川家の縁《ゆか》りの地で、駿河二丁町として有名な廓があるので、遊女の揚代は金一歩（銀二十匁、銭で一貫二百文）と二朱（銭六百文）であった。

東海道各宿場は、だいたい右に準じているが、一夜に金一分だと五斗の米が買える値段で、二朱で二斗五升、一朱（三百文）で一斗二升五合の米が買えた。鞠子《まりこ》は飯盛りも置かない。岡部は飯盛五百文、藤枝、島田、金谷、日坂、掛川、袋井、見附も五百文で、舞坂はなかった。

荒井は飯盛女の代りに宿引女で二百文と東海道宿場中一番安く、白須賀、二川は飯盛三百文。吉田は廓で二朱（銭六百文）から五百文、御油《ごゆ》、赤坂は遊女で五百文と三百文。藤川はなくて、岡崎は城下町であるから廓で二朱（銭六百文）と五百文、池鯉鮒は飯盛女五百文。鳴海は五百文と三百文。

宮の遊女は、東海道では一番有名で二朱、桑名の城下も二朱と四百文。四日市は遊女が銀十匁（二朱）、七百文と五百文。石薬師は招婦《おじゃれ》二百文。庄野は飯盛女三百文、亀山の飯盛女は五百文。関は五百文と三百文。坂の下は招女《おじゃれ》、土山は飯盛女と名付けたものはなく、宿の女中を口説くから一定の値はなく、水口、石部もなかった。草津は遊女五百文と四百文で、別に飯盛女もいた。大津は遊女五百文と三百文で、別にちょんの間的「お茶漬け」という百文もあった。

以上の中で府中の金一分が一番高く、もぐりの招女の二百文が一番安く、飯盛女で一番高いのが神奈川宿で七百文、遊女と飯盛りの平均が五百文から三百文であり、これを見ても飯盛女というのは名目だけであって、遊女と変りがないことがわかる。

四三　招婦

江戸時代の街道で宿屋営業が許されているのは本宿だけで、本宿《ほんじゅく》と本宿の間にある間宿《あいのしゅく》は宿屋は許可されず休み茶屋だけであるから、旅行者が増えるに従って旅籠《はたごや》屋も増したが、そのために客取り競争が激しくなり、宿引《やどひき》が往来に出て客を呼び込むようになった。

それには、店の男の者より女性の方が旅人を誘いやすいので、各宿屋は飯盛女という食膳の給仕人を門口に見張らせて客を誘った。この宿引き（客引き）の女性は、時には今度は客の誘いに乗って、遊女の代りも勤めるので、しだいに飯盛女というと売春をする宿屋の女という認識に変わってしまった。だが、これは宿屋自体の営業方針ではないし、飯盛女が宿の中で売春しても、収入が経営者の手に入るわけではなく、ただ飯盛女が客と寝た時は蒲団代として、何がしかを徴収するだけであった。

故に、飯盛女は給仕するアルバイト的であるので、さらに内職として売春するのであるが、そのためには客取り競争に熱中しなければならない。そこで、一名招婦ともいったのである。

おじゃれは、「おいでなさい」「いらっしゃい」の訛りで、「お泊り下さい」という誘いの言葉である。『東海道名所記』の赤坂の宿では、

宿屋に遊女あり。立並びて旅人を留む。泊らせられい。とまらせられい。座しきも奇麗な。相宿《あいやど》（他人が同室すること）も御座らぬ。なふなふ馬方どの。こゝへおろしまゐらせられい（馬方の牽いた馬に乗っている旅の客をここにおろしなさい）。先にはよい宿はないに、なふなふという声わやわやとして物音も聞えず。

お招　じゃれ婦

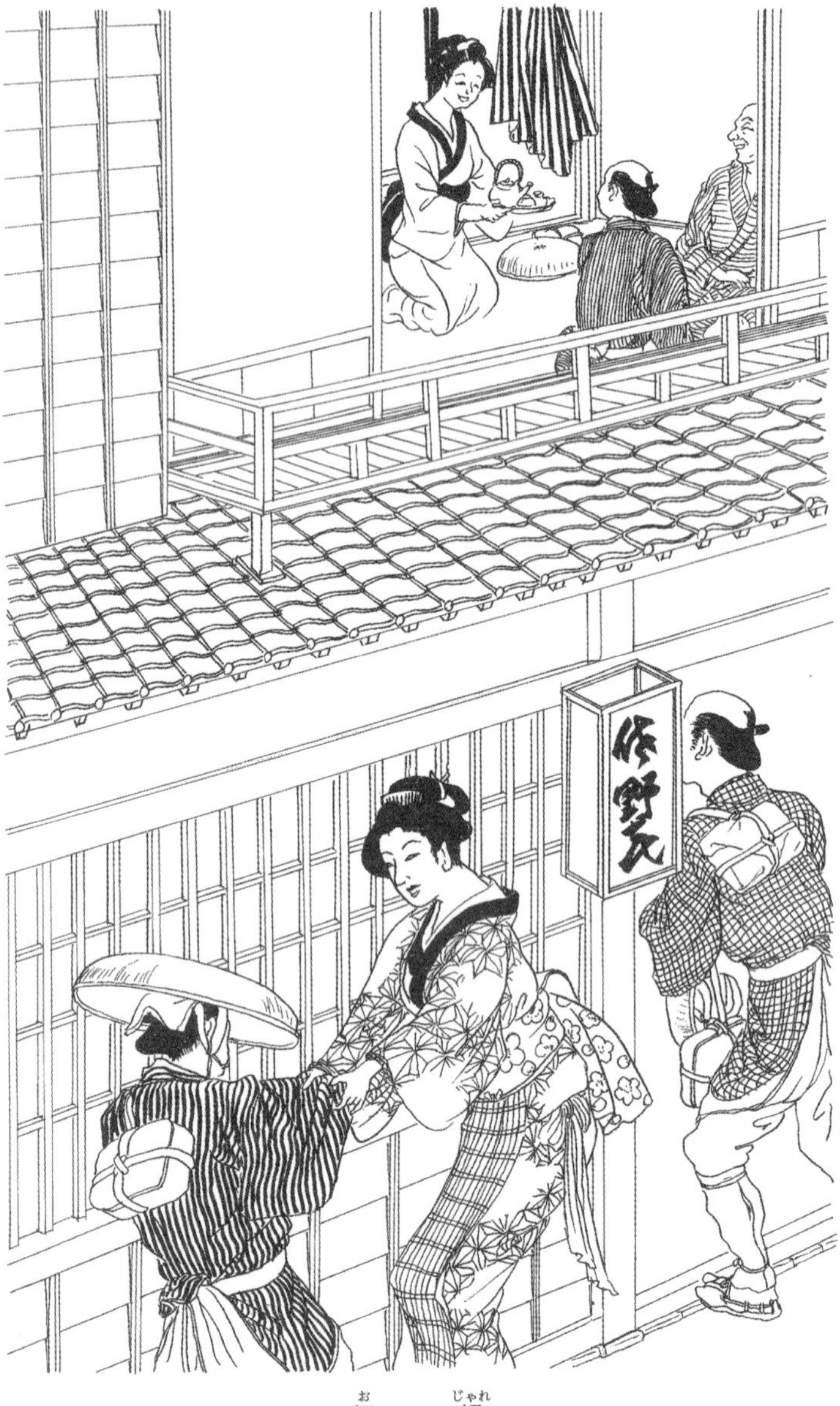

と記されるように、宿の入口から強引に客を引くので、彼女らを「おじゃれ」「留女《とめおんな》」といった。客を引っぱり込むと、先ず洗足の盥で客の足を洗って、荷物を持って部屋に案内し、食事が先か風呂に入るのが先かと聞き、また宿帳に住地名前の記載を求めた。

食膳を運んだ時に、肉体の要求があるかどうかを確認するが、昔の旅の観念は往々にして「旅の恥は掻き捨て」と、家庭を離れた解放感から、毎日でないかぎり異なった土地の女性の味を味わいたくなるし、江戸の局見世《つぼねみせ》の値段であるから、飯盛女を抱く破目となるのだった。

こうした飯盛女が争って客取りをしたため、数が増えて風紀上よろしくないので、飯盛女は一軒に二人と制限したが、客引きの「おじゃれ」は内実はもっと多く、特に参勤交替や地方在番の上番の団体あたりだと、大勢の飯盛女を臨時でも必要とした。客の多い時は、遊女のように回しをとらねば、さばききれぬことになるが、幕臣などは回しをすると怒るので、人数制限はなかなか守れないのが実情であった。

四四　芸者とその風俗

小さい時から美貌で、外見華やかに見える遊興社会にあこがれて自ら芸者になるものもあったが、たいていは家が貧しくて、親が金欲しさのために娘を芸者置屋に売るものが多いことは、遊女と同じであった。

これを俗に年季勤めといったが、だいたい二十五歳を満期とし、十四、五歳から下地ッ娘として教育され、やがて見習芸者とし、一本になり、年季を勤めると止めるか、自前といって独立した。阿部弘蔵（元幕臣、明治二年の

芸者とその風俗

上野彰義隊の幹部として活躍し、後に著述に専念した）の『日本奴隷史』第十章　近世奴隷の種類　町芸者の項に、

初の程は他人の拘束を受けずして、一家を構えて営業せるものありしかど、年を逐《お》ひて、此風俗の繁盛となりしかば、遊女屋の如く、多くの子女を抱へ入れて、此の醜業を営む者漸く増加し、笑ひ初めぬる蕾の頃より、春を待たずに花柳の巷《ちまた》に沈められ、其の年限は十歳の比《ころ》より、十八、九歳までを概ね三年七年若しくは十年と取り極められ、其の身代は、遊女の如く時価に相違はあれど、容姿の醜ならず色つくりて、遂に価ありと目せられたる。十歳位の者にて、十年季拾両位、十二、三歳の者にて拾両より拾五両、十五、六歳の者にて七年季三拾両位、又十入、九歳にて姿の清らかなることは春の柳の月を罩《こ》めたる如く、貌の艶かなることは秋の紅葉の一夜の霜に染りたらん程の美人にて、抱主《かかえぬし》の授芸を待たで、三線を手にして直《ただち》に業を営むことを得し者にても三年季に二拾五両位より三拾両内外に過ぐることなし。

とあり、芸者置屋の抱え主は遊女置屋の抱え主と同様であるから、表面は華やかでも内面生活は苛酷で、孰《いず》れも数年の間此の桎梏《しっこく》を受け、多くの客の身を殞《はふ》らし家を失はしめ、人の子弟を賊《そこな》ひ、大金を攫し、年長《た》けて色衰へたる結局の者に非らざれば、娼家蕩客幇間の類なる忘八（仁・義・礼・智・孝・悌・忠・信の人倫の八ツを忘れた者という意味で、遊女屋の主人、廓屋、訛って轡《くつわ》屋ともいう）の徒輩なるをもて、己が抱の子女に対する待遇の如きも頗る苛酷を極め、その売るるものと売れざるもの（売ッ妓と、客に歓迎されない妓）とを著しく差別し、若し客に嫌はれて招かれざるか、或は情夫ありて営業の不振を来すときは終日食物を与へず、煙管をもて打擲し、押入の中に篭め置きて、猿轡《さるぐつわ》を銜《は》ませて厳しく之を呵責《かしゃく》し、苦痛に堪へずして身を匿《かく》すことあれば、忽《たちまち》之を追跡し、或は同業中に転売して、損金を償《あがな》ふなりと、其の所爲女衒《ぜげん》に均《ひと》し。

と全く遊女の境遇と同じで、女性をだまして遊女屋や芸者屋に売り飛ばしたり、貧家の親をだまして身代金を与

えてこれらに売り飛ばす女衒共々、抱主も女性の膏血《こうけつ》を絞る鬼であった。

四五　芸者と箱屋

芸者に付き従って、三味線箱を持って行くのを箱屋といって、男衆の役のように思われているが、江戸時代の箱屋は芸妓置屋に属した女性であった。

京坂の三味線は三ツ継ぎといって分解可能であるから、小箱または布に包んで持ち歩けたが、江戸の三味線は分解しないで長い箱に入れ、女箱屋が小脇に抱えて芸者に従《つ》いて行き、呼ばれた座敷まで行った。座敷につくと、三味線を取り出して箱の蓋の上に置いた。

三味線は永禄頃（一五五八〜六九）に琉球より渡って来たが、胴の皮は蛇の皮であるので蛇皮線といった。これは後に猫や犬の皮を張るようになり、江戸時代には謡物《うたい》（長唄等）や語り物（浄瑠璃）に前奏として用いられ、種目や曲によって流派が出来、やがて芸者の表芸の一つとなった。

芸者は見番の定めで二人一組であるから三味線箱も二つ持たねばならないが、たいてい一人が三味線を弾き、一人が唄か踊りを行なったので、三味線一挺のこともあり、また芸者見習いが三味線箱を持ったりした。

江戸末期に至って三味線箱持は見番に雇われた男になり、客から見番に芸者の呼出しがかかると、男が芸者置屋に迎えに行って、三味線を抱えてついてゆく、収入は玉代の一部から手数料をもらうことになっていた。

芸者置屋に抱えられている内箱《うちばこ》（三味線箱持）は芸者見習いで、屋内掃除から雑用、そして合間に稽古事をした。

三味線箱は白木から漆塗り角金物で、置屋の紋や自分の好みの紋を黒または金蒔絵したものもあった。

吉原の芸者は大勢招かれた時は太鼓打役もあるが、一般にはほとんどは三味線弾きで、これに合わせて長唄、端唄、時には浄瑠璃も語った。

だが現代地方の温泉芸者は箱屋を連れず、自分で包んだ三味線を持って歩く。

芸者と箱屋

四六　料理茶屋

茶屋というのは、本来茶を一服飲んで休憩する所の意であるから、散策の折に足休めに寄る葭簀張りの腰掛所を水茶屋というように、休息所であり休み茶屋であった。

それが食事も出すようになり、品を揃えた料理茶屋が出来ると料理された食事の場所となり遊興の場所に発展し、揚屋を兼ねて遊女や芸者も呼ぶようになり、中には内芸者を抱えておく料理茶屋も出来た。

これは新吉原もそうであったが、岡場所も料理茶屋を称して揚屋を兼ねるようになり、甚だしいのは料理を他の店に仕出しさせて、名目は料理茶屋とし、芸妓や遊女を客の好みにまかせて招く所も出来、また芸妓・遊女を抱える所も現われた。

俗に茶屋と呼ばれた深川の岡場所の大部分は、これである。そして女郎屋というのは局見世となり、遊女・芸者の内容が曖昧になって行った。故に食事の為に料理茶屋に行く者はなく、殆んど遊興の為の場所となったから、芸者買いなどを茶屋遊びともいった。

深川仲町の料理茶屋あたりで、芸者・遊女を呼んで遊ぶのに、時狭（二時間）十二匁（約五〇〇文）、日夜三十六匁（約二分二朱位）であった。

京大坂は特に芸者は遊女に等しく、こうした芸者を「ころび芸者」（すぐに転んだようにして身体を許すことをいう）といった。

『近世風俗志』第二十編　娼家下にも、

料 理 茶 屋

江戸は吉原以下岡場所宿場ともに女郎芸者ともに聊《いささ》か酒肴を添へ出し、若し直《なお》し（時間延長）と称《とな》へ時限等の金を倍す時は又「直し肴《さかな》」と云って再び肴を倍出すなり（中略）。引手茶屋の導にて上りたるは酒肴を茶屋に命じ（中略）、別に命ずる肴は茶屋女郎屋に自製せず、烟花の地各々「台屋」と号《なず》くる割烹店ありて売レ之、四百文或は五百文の台を客に二朱に売る。乃《すなわ》ち二朱台と云。八、九百文の台を客に金一分に売る一分台と云。二朱一分二品のみ。又飯を欲する者は飯の台と云て飯を添《そえ》る。価同前也。一分台を大台といふ。おおだいと訓ず。

とある。料理茶屋を称しながら、料理は台屋に注文し、四、五百文の料理を自家製のように見せて二朱（六〇〇文）、八、九百文の料理を金一分（一二〇〇文）として客に出すというボロもうけであった。

四七　女芸者

芸者とは芸事を専門にする者に称する語であるから、武道に専心するものは武芸者といい、一般に遊芸で身を立てる者を総称して芸者といったから、男性もあれば女性もあった。

江戸初期頃までは遊女も遊芸を仕込まれ、客を相手にする場合、琴、三味線などを弾き歌舞音曲一通りの素養があって、これらの好みの客に合わせていた。ところが、容色、性技のみを重宝がるようになって、歌舞音曲が碌に出来ない遊女が増えて来たので、別に歌舞音曲専門の男性や女性を使うようになった。しかし、男性の専門職は遊廓では目障りとなり、これは客の酔興をたすける幇間《ほうかん》（たいこもち）に移行し、女性の芸者のみが歌舞音曲で酒席をとり持つようになった。それで初めは女芸者と特に呼んだが、芸者といえば女性に限られるようになったので、芸者の語を代表するようになった。

『近世風俗志』にも、

おんなげいしや弾妓《ひきこ》也。京坂にて芸者と云也。昔は女芸者無レ之。専ら三弦を鼓して興をそへ、或は新造の所作とす（新造は遊女に付添う見習の未成年で芸事をも習った）。故に当時の遊客時として云。三弦出来る新造を上げよなどと、云《いえ》り。（中略）吉原女芸者に二種あり、前に云る如く見番より出る見番芸者（芸者置屋に抱えられている芸者）を仲の町の芸者とも云也。多くは裏店《うらだな》などに住居し、又は仲の町茶屋にも一両人かゝえあるもあり、此芸者は二人づゝを一組とす（中略）。この仲の町芸者一組二人にて一席金一分也。長席には一倍或は二倍す。是を「なおす」と云也。終夜を雇へば金三分なり、昼夜を雇へば一両一分なり。（中略）又内芸者は二人組ず、一人づゝ売る也。

とあり、遊女との遊興の折に見番に登録された女芸者を呼ぶが、大店でない揚屋では、内芸者という者を抱えていた。

女 芸 者

したがって、芸者が売淫することは遊女の職を犯すことになるから、吉原では芸者の売淫は堅く禁止され、もしこれを犯せば席に出る事を禁止されたり、追放されたりした。然しこれは客の好みによるから、岡場所などでは妓楼に口止金を払ってでも芸者とねんごろになったり、他所で逢引したりするから、芸者の売淫はなかなか取り締まれなかった。

客にとっては、三味線も弾けて淫事にも応じるという芸者の方が重宝であるから、深川方面では遊女より芸者の数が多かった。これらの事は吉原にも影響するので、しばしば町奉行所に訴えて芸者の売淫を取締まってもらったが、徹底しなかった。

こうした女郎芸者を江戸の方言では伏玉《ふせだま》といったのは、彼女らを玉《たま》といったことにより、その稼ぎを記入するのを玉帳《たまちょう》、課銭を「たません」とよんだ。現代「いいたまだ」というのは、美人だという褒め言葉から、「良い加減な奴だ」の意に変化した語となっている。

四八　深川大新地の芸者

深川大新地は、仲町、櫓下《やぐらした》、裾継《すそつぎ》と共に歓楽街が櫛比《しっぴ》し、茶屋、料理屋、揚屋、芸妓置屋、局見世の多い地帯であった。大新地で有名な茶屋（遊女屋）は、百歩楼、舟通楼、大栄楼等は新吉原に劣らぬほどの構えで、子供屋（芸者置屋）では稲本、伊勢本、二見屋、山本が知られ、女郎二十一人、女芸者二十五人とあり、芸者も売淫した。これを「ころび芸妓」「ころび芸者」といい、本来芸者の売淫は禁じられていたので、客品を見て売淫した。

また、ここの芸者は江戸の南東、辰と巳の方角に当たるので、俗に辰巳芸者と呼ばれ、粋と張りがあり、気ッ腑の良さで知られていた。

俗に羽織芸者ともいわれるのは、天保頃まで十四、五歳以下の見習芸者を男装させて羽織を着せて客前に出したので、これが美少年のように妙になまめかしかったところから酒席にも招かれ、特に深川芸者の粋さから、羽織を着なくとも羽織芸者、略して羽織と異称するようになった。

新吉原などでは、遊女と女芸者は厳然と区別されていたが、深川芸者は遊女の職域を犯して往々売春行為があったのに、仲町の芸者のみは二、三回の客にはなかなか身体を許さなかったのを誇りとする妙な意地があった。

仲町の芸者と交わるには、口止金という名目で青楼に金三両を与え、芸者はその中から何がし金をもらうのであるが、大新地の芸妓は容易に客の需めに応じた。したがって、『近世風俗志』にも、

深川仲町と大新地は客品を見て行レ之（売春）遊女の如し。仲町にて遊女を買は普通の客のみ。毎時此処に遊ぶ者は必らず芸者に馴染と号して、双枕《ふたまくら》すること官には女郎芸者ともに私なれども其双枕のこと茶屋妓院とも得心《とくしん》にて、売色するは仲町大新地のみ（中略）深川見番のこと。或書に妓芸者の名を札に書て提《さげ》る也。茶屋より呼に来る時は其札をひく也。故に札を見て来ると云こと方言也。

芸者太夫（太夫は遊女の上位の称であるが、ここでは遊女の意）とも二朱の揚代なれば、見番三匁、茶屋三匁、芸者一匁五分と頒ける事也。

とある。芸者や遊女を茶屋に呼ぶと二朱（銀七匁五分）かかる。このうち茶屋と見番（芸者を登録して客の需めに応じて振り向ける事務所）が三匁ずつ頭《ピン》はねするから、芸者や遊女は僅か一匁五分（一二〇文）である。これが酒席の御相手代で、お線香のともる間（約三十分から一時間）であるから、五時間勤めても七百文から一貫文（三朱に満たない）。故に売春して稼がねばならないことになる。

深川大新地の芸者

四九　吉原羅生門河岸《らしょうもんがし》の局見世

新吉原は御歯黒溝《おはぐろどぶ》に囲まれた浅草田圃の中の一郭で、大門口を入ると大店・小店が列ぶが、その西北の塀に沿って羅生門河岸、南ワル河岸、伏見の丁《ちょう》河岸と細長い所に吉原の局見世があった。

局見世とは、小部屋が長屋のように並んだ建物で切見世《きりみせ》ともいうが、遊女屋としては最下低級で、本所深川を始め新開地の私娼窟である局見世の方が有名で、新吉原の局見世はあまり知られていない。

然し安直な遊び場として、かなり繁昌したもので、中にも羅生門河岸の局見世が有名であった。

羅生門とは、羅城門の書き誤まりが後世そのまま通用したもので、羅はうすもの、あみ、つらなる、めぐらす等の意で、城壁がこれに当たり、それの門であるから羅城門であり、往昔京都の外郭の正南の中央に設けられた七間二層の楼門である。『有職抄』二には「朱雀大路ノ南面ノ大門ナリ（中略）羅城門を玄武門ト号ス」とあり、伝説ではこの楼上に鬼が棲んで、夜な夜な人を襲ったと伝えられる。

それで源頼光の家臣四天王の一人、渡辺の綱が、鬼なんて恐れる事はないから行ってみるが、行った証拠に金札を立てて見せると豪語した。真夜中になって行って金札を門柱に立てたところ、俄かに怪風が吹き、楼上から鬼が現われて綱の兜に手をかけた。振り向きざまに太刀で斬ると腕が残ったので、それを持って帰り、鬼を斬った証拠とした。

時の陰陽師安倍晴明が、鬼の祟りがあるから七日間忌み籠りをせよというので、誰にも会わず篭っていると、七日目に姨が訪ねてきて無理に面会を乞うので、止む得ず逢い、話の末に鬼の腕を見せると姨《おば》は俄かに鬼形となり、腕を握んで虚空《こくう》に飛んで消えたという伝説があり、また楼上に人の死骸を捨てに来たという話もある。

こうした伝説から新吉原の局見世の遊女も漂客の袖を掴んで離さず、客をくわえこんだので、羅城門の鬼に譬えて羅生門河岸といったが、ここは河岸ではなく、塀の外は御歯黒溝である。

吉原羅生《らしょう》門河岸の局見世《つぼねみせ》

河岸《かし》とは水辺の船を寄せて、人や荷を上げおろしする所や市場をいい、泊る所をかえる事を「河岸をかえる」というように、止まったり泊ったりする意にも用いたので、局見世に集る場所として河岸の語を用いたのである。

また一説では、本町河岸の商店の店先の暖簾に似た暖簾をかけていた局見世であるので河岸の語を借り、羅生門河岸、南ワル河岸、伏見町河岸などといったともいわれる。

『吉原細見《さいけん》』には、河岸店十何軒、河岸女郎二百数十人とあるから、一軒に平均二十数人とすれば二十数間の小部屋が一軒にあったことになる。

五〇　金《きん》見《み》世《せ》

金見世とは、一分金以上を払う遊女屋のことをいう。一分金は四朱（南鐐二枚）で銀一五匁、銭に直すと一二〇〇文である。この銅銭を持っては、重たくてとても遊びに行かれない。一片百文に該当させるべく、天保時代に天保銭を作った（本当は九十七文位にしか通用しない。後世、頭の軽い者を足りないという形容として、天保銭という陰口をきいた）が、これでも十二枚財布に入れたら重い。

故に、一分以上はらう遊女屋に行くには、金一分（約銀十五匁に当る）の方が財布に入れても手軽であるために、これで支払い、金取引の遊女のいる見世を金見世といい、また金猫《きんねこ》（猫は寝子、つまり遊女、後に売淫する芸妓も猫と

金《きん》見《み》世《せ》

いった）ともいった。

『近世風俗志』によると、新吉原の太夫、格子、散茶は勿論金銀支払いであるが、岡場所でもやや高級なのは、金支払いで金見世である。

櫓下（深川仲町の表やぐら、横やぐらのあるところ）、裾継（深川）、新古石場、本所常盤町、本所松井町、同富が岡八幡宮御旅所《おたびじょ》、本郷根津の木村屋と増田屋、音羽等は最低が金二朱（銀七匁五分）であった。

四宿といって、品川、新宿、板橋、千住の宿場女郎の中では品川遊廓が一番上位であるが、ここの遊女で銀十匁（金三朱）、金二朱（銀七匁五分）、銀六匁級の遊女を上とし、以下は銭見世《ぜにみせ》で、六五四といった。六は六〇〇文、五は五〇〇文、四は四〇〇文であるが、これ文《もん》で数えず六寸、五寸、四寸といい、六寸、五寸が中位、四寸を小店といい岡場所の局見世であった。

また深川の仲町、土橋、櫓下、裾継、新地、石場、佃までを七場所とも辰巳ともいった。

五一　柿暖簾《かきのれん》

柿暖簾とは江戸時代の局女郎《つぼねじょろう》の異名で、「けちぎり」「青暖簾《あおのれん》」「端《はし》」ともいった。貞享頃（一六八四〜八七）の『吉原つね〴〵草』に、

せんかたなき柿のうれんが物日のやくそくはぶらなり

と記され、註に、

はしつぼねに柿のうれんをかけたるゆえに此名ありと記してある。また写本の『吉原つれ〳〵草』には、
或人本町川柳を通りけるに小袖髪かたちまでいみじき女郎柿のうれんの中へぞ入りける
と記され、局女郎の店には柿色染の暖簾がかけてあったことから呼ばれた名である。
吉原の局見世は褐染《かちんぞめ》の暖簾をかけたが、人によってはこれを柿色とも見たので、柿暖簾ともいった。
吉原の局見世は吉原の中では下級であったが、他の岡場所の局見世に較べれば、まだ格が高かった。然し岡場所の局見世が増えて競争が激しくなると、自然に吉原の局見世も他所並に安くせざるを得なくなった。
局見世は銭勘定であるから銭見世といい、岡場所でもやや高級なのは金一分や銀二朱で払うので、これを金猫・銀猫《ぎんねこ》といった。
本来一分は金であり、二朱は南鐐といって銀であったので、御旅《おたび》（本所深川富が岡八幡宮祭礼の時に神輿が渡る所を御旅所といった）とか弁天（八幡宮の傍の一の橋の南の詰にあった弁財天社、元禄頃に惣検校《そうけんぎょう》杉山氏が江の島より勧請

柿《かき》暖《の》簾《れん》

した）の女郎屋を金猫・銀猫といったとも、また別説では、両国橋東詰の国豊山《こくぶさん》回向院《えこういん》前の女郎屋が金猫・銀猫といったともいわれている。

銀猫がだいたい局女郎に当たり、金猫は局部屋でなくとも「廻しをとる」下級女郎であった。

五二　局見世（俗に鉄砲見世）（一）

局見世とは長屋見世のことで、遊女としては最下級の女郎である。公認の新吉原にも、羅生門河岸という局見世の一郭があったが、新吉原（浅草千束町）に移る前の吉原（日本橋）にも、局形式のものがあったらしく、『近世風俗志』には、

　局女娘一日の揚銭二十目なり、但し寛文年中散茶（局女郎に似た遊女）と云者出来て揚銭散茶と同く金百疋となる。


と記されている。百疋は時代によって多少異なるが江戸末期で一二〇〇文、つまり四朱であるから金一分に当たるので、下級女郎としては随分高い。これが非公認の岡場所の局見世であると、俗にいう「てっぽう見世」で百文である。

但し交渉時に百文で話をつけようとしても相手にされないから、二百文から三百文が最低の成立値段で、つまり一朱を与えなければならない。女郎に歓迎されるには、一交二朱から三朱ははずまねばならない。

兎に角三帖にも満たない割部屋に、蒲団と化粧道具、行灯、煙草盆などを置くのであるから、狭いことおびただ

局見世
つぼねみせ

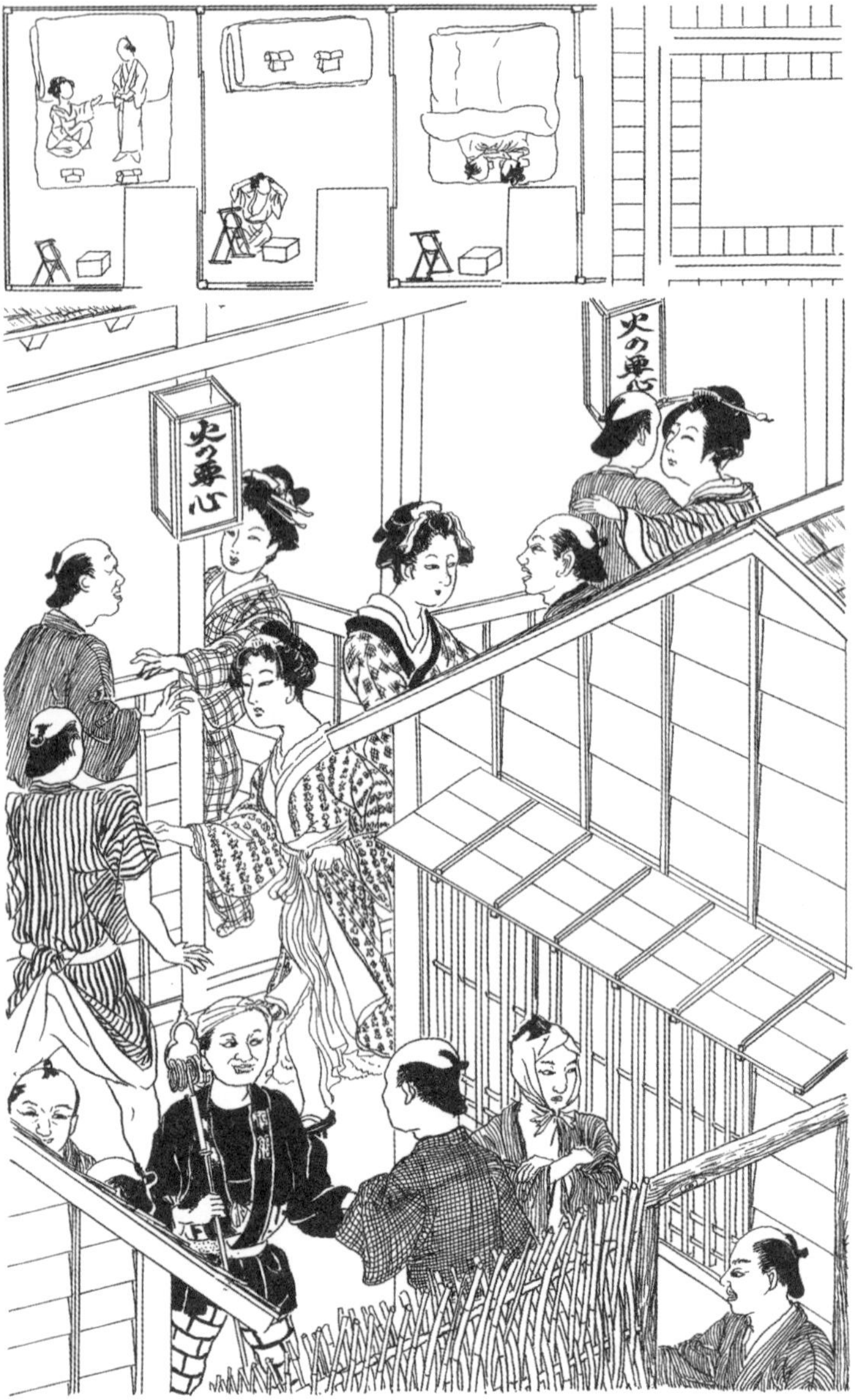

しい。風情も何もあったものではなく、ただ女体を抱いて欲情の吐け口にするだけであるが、それでも好色男性は夜ともなれば通ったので混雑した。

両側に局見世を挟んだ露地は、中央が板塀で区切られているから、ただでさえ狭いのに一方通行しか出来ず、局見世は互いに向いの見世が見通せない。但し片側だけの局見世には、向いに板塀はない。

また非公認の局見世は、表は板壁と入口の戸だけであるが、新吉原は表が鶉《うずら》格子で脇に腰掛を据え、かちん染の暖簾をかけて、縫止めに紫韋の露を縫い付けた。

五三　局見世㈡

局見世とは遊女の最低の級で、切見世とも長屋ともいい、小さい部屋が並んでいるから局《つぼね》ともいった。公認の遊廓吉原（羅生門河岸）にもあるが、江戸の中心地以外にも非公認の局見世が沢山あった。深川網打場（松村町）、深川あひる（佃町、あひるの項参照）、半長屋、新長屋、本所六尺長屋、二笠町長屋、浅草堂前（三十三間堂のあった跡）、根津の長屋、音羽の桜木町、四谷軸谷、三田の三角、麻布の藪下（坂下町）、市兵衛町、赤坂表飯田町、谷中いろは茶屋等である。

こうした局見世の一画は、たいてい朝鮮矢来という竹を編んだ垣で回らされ、狭い露地が四角に作られ、その両側に間口四尺五寸（一・三五メートル）奥行きは二間から一間半（四メートルから三メートル）ぐらいに区切られた長屋が続く。吉原の局見世は間口一間（二メートル）に奥行二間（四メートル）であるが、入口に二尺に三尺（〇・六メー

局《つぼね》見《せ》世《せ》

トルに一メートル）の土間を作るから、広さ三帖にも満たない小部屋で、隣との境は襖で隔て、客のない昼間などは襖をあけると、長い鰻の寝床となる。奥に三布蒲団を帖《たた》んで、その上に枕二つを列べ、通りに面した方には鏡台や化粧道具を置く。客のない時は入口の戸を開けて、女郎が顔を出したり、外に出て客を誘った。

客が付くと蒲団を伸べて、入口の戸を閉める。戸が閉まっている所は、目下商売中であるしるしであった。

局見世の奥はたいてい抱え主の住居で、二階建てが多いが、平屋の長屋もあった。各局の入口の柱には、火の用心と書いた掛行灯があった。これに灯がともるころに局女郎は土間から顔を出し「お屋敷さんちょっと、ちょっと」とか、「町人さん、ちょっと、ちょっと」、または「羽織さん、ちょっと、ちょっと」などと、身扮《みなり》で呼びとめる。お屋敷さんとは、武家屋敷に奉公している中間や足軽級であり、町人さんは職人とか商家に奉公している者に対していった。馴染になって名前がわかれば別であるが、たいていは一見《いちげん》の客か、馴染んでも名をいわぬ者が多いから、身扮で呼んだのである。江戸時代の人口は女性の方が多いが、下層の者はなかなか妻を娶れないので、こうした息抜き場所が必要であったのである。

局見世の一郭には雇われた露地番という遊廓の妓夫太郎《ぎうたろう》と同じような役の男がおり、客に女をすすめたり、混雑して素見《ひやかし》が店先をふさいで立ち留まったり長話をしていると、商売の邪魔であるから、鉄棒《かなぼう》（錫杖《しゃくじょう》のように地に突くと、じゃらんと鳴る）を持って「さあ口（入口）をわろ（開けろ、退け）、口をわろ」といって整理などした。

五四　安宅《あたけ》の切見世《きりみせ》

安宅とは、本所大橋近くに幕府の軍艦安宅《あたけ》丸があったが、百数十年経って腐朽したので、ここで焼却し、その跡が安宅の原といった。ここに、おいおい人家が建ち、さらに切見世が出来、ここを略称して「あたけの長屋」といった。この長屋とは切見世、局見世のことで、ここの女郎を長屋女郎ともいった。『近世風俗志』では安宅を阿武と書いている。

こうした切見世の遊女は、俗に鉄砲といって一交百文。百文を鉄砲の百目弾にたとえたことと、一交を一発ぶっ放すという表現、また天保年中（一八三〇～四三）に一枚百文に通用させるために天保通宝が発行されたので、天保といったのが訛ったとする説があるが、いずれにしても最下低の遊女達で、夜鷹の四倍位の一交代であった。

ここには「あたけの者」という地廻りが縄張りを持っていて、切見世の露地を廻って、遊びに来る客や素見客を鉄棒《かなぼう》を引きずって整理した。ここは、この様に繁昌するくらいだったが、文政年間（一八一八～二九）に一つの事件が起きた。

安宅《あたけ》の切見世《きりみせ》

太田蜀山人《しょくさんじん》の『半日閑話』巻十六の書留によると、両国橋近くに依田金三郎という旗本がおり、その中間二、三人が安宅の切見世にしばしば行った。中間というのは実直の者もいるが、性悪者もいて、武士である主人の威を笠にきて、切見世のような非公認の弱い商売につけ込み、嫌がらせや因縁をつけて商売の邪魔をした。そこで切見世の方で、鐚銭《びたせん》何がしかを紙に包んで握らせて帰した。

こうした性悪の相手に対応するのが、鉄棒引きの露地の者で、口論の揚句喧嘩となり、依田の中間の一人が撲《なぐ》り殺された。安宅の方では、大変なことになったと町奉行所に届けたが、依田方でも面目にかかわるから急いで中間の死体を引きとった。そこで町奉行所の与力が、管轄違いにもかかわらず依田の邸に来たので事が面倒になり、依田金三郎は町奉行榊原主計頭《もんどのかみ》の所へ強談判《こわだんぱん》に押掛けて、公け事になりそうになった。

町奉行所の与力・同心は、こうした非公認の弱い商売の者から、日ごろ付届けをもらっているので、つい嗳《あつか》い（内済のための話合い）の積もりで行ったのであろうが、管轄違いを楯に町奉行に強談判したのは、内済金をつり上げる腹であったので、結極安宅方は三百両も弁済して事はすんだが、こうした所に切見世があるのは宜しくないという方向に向かった。

その後天保七年（一八三六）に、また安宅の切見世で喧嘩騒動が起きたので、安宅の切見世はついに取払われ、その余波で町芸妓七十二人、茶汲女四十一人（これらは密淫売発覚）、中宿三十六軒が処罰された。

『近世風俗志』に、

本所阿武の長屋は文政末か天保初に廃止す。

とあるのは、これである。

五五　大根畑《だいこんばたけ》

江戸の旧市街は朱引《しゅびき》線内をいい、これは江戸地図に朱線を引いて、市街と在《ざい》とした。西北の方の境は俗に「本郷もかねやすまでが江戸の内」といわれ、本郷のかねやす（商店の屋号）まであったが、しだいに人口が増え、在にも人家が立ち並んで江戸市内になって行った。『近世風俗志』に、

　或書云、江戸本郷の町、宝暦六年（一七五六）頃迄圃《たんぼ》にして萌物《きざしもの》（野菜など）を作り出す。此頃より町家に改まる後は料理茶屋を出し、女を抱へ酌に出す。世人大根畠と号す云云。

とあるように、大根や野菜の採れる一面の農地であったのが、しだいに人家が増え、また庶民の散策に良い距離であったので、料理茶屋などが建ち並んだ。庭先から畑や林が見通せて閑静であるので、若い者や金持の忍び逢いの場所に良いので料理茶屋でも酌女を雇うようになり、やがて酌女が客の需めに応じて売春するようになった。

　又或書に云、昔本郷大根畠に三一長屋と云あり。是を四六の裡《うち》と云。こゝに通ふ客に五六二と云て三崎の六が娘相方に出たるもおかし。ふぐの面《つら》見るより二世のかためかな云云。然らば初めは酌女のみなりしが、後には局見世もありしなり。三一をさんぴんと訓ず。一をぴんと称ふは博徒の方言也。賽目三一を背即ち四六なれば四六のうらとも異名せり。

とある。ここは以前に三一長屋というのがあった場所である。三一とは博徒達が賽の目が三と一が出たときにいう言葉であるが、武士の姿をした最下低の奉公人は三両一人扶持の年俸であるから、下級の二本差し（大小刀を帯びた者）を、「さんぴん侍」といった蔑称である。誰かの屋敷に奉公するさんぴん侍の御長屋があって、その裏に

大 根 畑

当たる（賽の目の三と一の裏は四と六）から、ここ（大根畠）を四六の裡といった。

大根畑は、やがて料理茶屋だけでなく、庶民や在方の農家の若い衆も遊べるように局見世まで出来て繁昌するようになった。ここに通う客に五六二という名の者がおり、その相方（馴染客の相手女郎）が三崎町の六という娘であったのもおもしろく、またその相方が河豚のようなお多福であったので、「ふぐの面見るより二世のかため（夫婦の交わり）かな」等々といわれたりしたというのである。

大根畠と仇名されたこの地は、局（切）見世として、江戸では有名になった。

局見世は一交一〇〇文で、一名鉄砲見世ともいうが、当時は繁華になったといっても、所々に畠が散見した所であったらしい。

五六　地獄《じごく》・白湯文字《しろゆもじ》

密淫売の女性を京坂では白湯文字といい、江戸では地獄、名古屋では百花、彦根では麁物《あらもの》といった。密淫売は古くよりあり江戸時代も盛であったので、天保年間特に取締りが厳しくなり、町奉行所の手の者に捕らえられると、奴として吉原に下げ渡されたりしたが、それでも跡を断たなかった。

中には容貌良く衣服も粗末でないものは、待合茶屋を常連として金一分（一、二〇〇文、銀十五匁）もし、下品の地獄でも金二朱（一分の二分の一　六〇〇文、銀七匁五分）の一交代《だい》であるから、局見世の女郎よりやや高値であった。但し、局見世は四百文であるが、規定の銭を払うとお粗末に扱われるので、たいてい五〇〇文から八〇〇文位払った。

局見世は銭勘定であるが、潜《もぐ》りの密淫売の地獄は御旅《おたび》と弁天の金猫・銀猫並であった。地獄の名の起りは『近世風俗志』によると、

物の本に云。俗に売女に非ざる者を地者《じもの》或は素人《しろうと》と云。其の地者を極密々にて売女するが故に地極と方言す。獄極音近きが故に今は通じて地獄と云也。

とある。白湯文字とは上方《かみがた》の称で、地獄と同じに素人が密かに売淫するものをいった。売女及び娘は緋縮緬《ひぢりめん》の湯文字（現在いう腰巻）を用いるが、素人の既婚婦人は浅葱か白を用いた。こうした素人の貧しい妻女等が、生計のために密かに売春するので白湯文字といった。美服に化粧した女性は地獄並の売淫代であったが、粗服で容貌も良くない者は二百文ぐらいで、かなり安かった。大坂西横堀の西岸四ツ橋から北に十町ばかりの地域に、毎夜申《さる》の刻（午後三時頃以降二時間をいう）頃から路傍に出て客を拾い、盆屋《ぼんや》という中宿に連れ込んで売春する。

　江戸の地獄の下級よりも安く一交二〇〇文、一夜泊りで二朱であるが盆屋に泊り賃二〇〇文を払うから、泊りでの実収は四〇〇文

地獄《じごく》・白湯文字《しろゆもじ》

で、一交の時の席料は五〇文近く払ったという。

五七　化《け》契《ちぎり》

『近世風俗志』第二十編　娼家下に、

端《はし》は局に立玉ふ御方也。端居《はしい》の義也。一名化契とばかりの契りにて小銭遣ひの衆生に結縁《けちえん》ある故也。

とあれば又局と端と同《おなじ》き也。猶能《なおよく》追考すべし。化契けちとかなを付せり。而もかりのちぎりならば仮契の字歟。

と『訓蒙図彙《くんもうずい》』の文を引いて、

所詮局も端もけんどんも今世の長屋女郎と云。又切見世とも云也。

とあって、化契も長屋（局）女郎のことであるが、なぜ「けちぎり」といったかである。仮りの契りの意から来たとすれば、仮契りの文字が正しいと守貞はいう。一般の遊所や局見世、引っ張り、夜鷹等の下級の時間を限った交わりは殆んど仮りの契りであるから、特定の女郎に仮りの契という名付けはおかしい。

ちなみに、切り見せは時間を限って交るから切り見世で、俗に言う一寸《ちょん》の間である。

喧鈍《けんどん》級であるから一交四、五十文。屋内での取り引きであるから、夜鷹のように雨風に曝されないし、部屋の中で客を待つ方であるから、夜鷹よりやや高いわけだが、すべて数こなしで稼がねばならない。一般の局見世では一切一〇〇文であったが、はずんだ客は二朱（六〇〇文）も払った。化契は喧鈍と同じで、客がはずんでも一〇〇文から二〇〇文ぐらいであろうから、一夜に大奮闘せねばならない。かつて大日本帝国軍隊が外地に進駐した時に慰安婦が派遣されたが、絶対的数が不足していて、一日に一人の慰安婦が数十人を相手として、起き上る隙なしであった。

客の需めに応じて仰向けに寝る芸者を「ころび芸者」ともいい俗に蹴転《けころ》ばしといった。蹴倒おし、けころとも略称し、この蹴は蹴られて倒れたところから始まったのであろうが、仰向けに倒れた形に用い、起きる隙なく客をとるという事から蹴契りの語ではあるまいか。契りは交わるの意である。

化《け》　契《ちぎり》

五八　蹴転

蹴転は、蹴転ばし、蹴転芸者、転び芸者、転びともいった。芸者は歌舞音曲の遊芸をもって酒席に招かれて、報酬を得て生活するのが建前であるが、江戸時代には客の需めに応じて、しばしば遊女と同じ行為によって副収入を得る者があり、これを転び芸者とか蹴転といった。

転びは転んだように倒れ寝る、蹴転は相手に蹴られて倒れたという表現で、押し倒されると拒否反応なく、仰向けに倒れ寝て客の需めに応じたことをいう。

新吉原などでは、芸者が客の需めに応じることは固く禁止されていたが、町芸者には往々これがあり、江戸仲町大新地、下谷広小路、広徳寺前通、浅草堀田原等が有名であった。古川柳にも、

　三味線の下手はころぶが上手なり

とあるように、遊芸よりも淫売が主なる者もあった。

「寛保元年（一七四一）踊子、停止せらる、ころび芸者の鼻祖也」と『我衣《わがころも》』にあるが、八代将軍吉宗の政策によって踊子芸者を取り締まったことから、反って芸者は淫売しなければ生活が出来なくなった。

宝暦頃（一七五一～六三）の平賀源内の『風流志道軒伝』にも、

　出る船あれば入舟町、石場に佃、けころばし

とあり、天明頃（一七八一～八八）の川柳にも、

　仰山《ぎょうさん》にばかり毛呉絽《けころ》は起こされる

とあって、呉絽は西洋船来の駱駝《らくだ》の毛織物で呉羅服連《ゴロフクレン》のことで、毛呉絽は毛の生えたあの部分の隠語であった。

享保頃（一七一六～三五）の『艶道通鑑』にも、

間短　蹴倒《けたおし》、夜発

とある。『近世風俗志』にも、

町芸者は往々密に行レ之（売淫のこと）又深川仲町と大新地は客品を見て行レ之こと遊女の如し。仲町にて女郎を買（ここは非公認の遊廓）は普通の客のみ。毎時此処に遊ぶ者は必ず芸者に馴染《なじみ》と号して双枕すること官には女郎芸者ともに私なれども其双枕のこと茶屋妓院とも得心にて、売色するは仲町大新地のみ。

と記されるが、一流の場所は除いて、たいていの所では金しだいで転んだ（枕を共にした）。

蹴《け》転《ころ》

たいていは芸者の花代が二朱（銀七匁五分）であるが、見番に三匁、茶屋に三匁、芸者には一匁五分（約一二〇文、一〇匹）の収入しかないから、どうしても売淫しなければ生計が立たないわけであった。

吉原は二人一組で一切り金一分（銀二十匁）で、このうちから銀四分を見番に納めるから銀十六匁が芸者二人分、つまり一人八匁ずつであるから、町芸者の収入より頗る良い。したがって売淫しなくても済んだ。

『塵塚《ちりづか》談』に「花費《つとめだい》は二百文」とあるのは、見番・茶屋の代を引いた実収であろう。

五九　船饅頭《ふなまんじゅう》

大坂では、小舟を漕いで停泊中の船に行き売春する妓を「ぴんしょ」といった。江戸では末期頃から深川富ヶ岡八幡宮前の蓬莱橋《ほうらい》の脇から、茶船に苫《とま》をかけて売春婦を乗せて、船中で売色させた。なかなかの美形がいて「ぽちゃぽちゃの阿《お》千代」というのが有名で、俗にお千代船ともいわれた。

また江戸時代に大川筋の船人達に饅頭を売るという名目で、小舟を漕いで近寄り春を鬻《ひさ》いだが、後には客を舟に乗せ、船頭が漕いで大川筋を廻る間に売春するようになった。

往古の朝妻船や室津や鞆《とも》の津の遊女と同じであるが、江戸の船饅頭は江戸の大川筋の景色を背景にしているだけに、粋な売春で庶民的であった。

『洞房語園集』に、

往《い》にし万治の頃か、一人の饅頭どらを打って深川へんに落泊して船売女になじみ、己が名題を許しけり。

船饅頭《ふなまんじゅう》

るとあるが、元は本当の饅頭売りが、船人相手の売笑婦に、その名称を奪われたのが始まりとしている。

『寛天見聞記』では、江戸大川中洲の脇、永代橋あたりの岸に小舟を屯《たむ》ろさせ、道行く人に呼びかけて話がまとまると、船頭は客を船に乗せ、中洲を一周する間に船内の女性が春を鬻いだ。彼女らの服装は『近世風俗志』によると、

夜鷹よりも美にして衣服なども宜しく、化粧も本式に粧《よそお》ひ、昼みても恥ぢざる風姿なり。

とあり、『蜘蛛の糸巻』にも、

船饅頭とて深川吉永町に軒をつらねたるもの、夜に入れば一人づゝ乗りて所々河岸あるいは高瀬舟にて色を売る。百文、下なるは五十文。


とあるが、寛政頃は取締りが厳しいので姿を消したが、幕末には深川吉永町の私娼が再び船上で稼ぐようになった。船頭が付くので、ピンハネされるから、実収は切見世女郎並で、夜鷹よりやや良いくらいであった。

河中を漕いで行くので、取締まりに遭うこともなかった。船饅頭は饅頭を売るのが表面《うわべ》であるが、饅頭も舟形も女陰の隠語であるから、売春婦を直ちに連想できる。「伽《とぎ》やろう」ともいったのは、呼び声で「ぴんしょう」といったので、一交をしようの意であろう。

また一交一〇〇文が米一升に当たるから一升《ピンしょう》という説もある。

六〇 家鴨《あひる》

あひるは安房国（千葉県）畦蒜《あひる》郡の漁村の女性達が帆掛船の帆を洗う役をし、その女性達の中で売春をしたことから名付けられたのが水鳥のあひると同音なので、家鴨と書いたといわれる。

また、この売春婦との遊び代は四百文であったところから、博奕《ばくち》隠語で二百文をガアというので、四百文はガアガアとなり、その音を「あひる」に譬えて「四百文売春婦」の俗称となったという。

また江戸深川新佃町の私娼窟は、漁場の網干場が近くであったので、網干《あひる》というようになったともいわれる。

このほかに、私娼が妙に腰を据えて振って歩く後姿が、あひるに似ているので名付けたともいう。江戸時代の仙台地方では網干場近くでなくとも、一部の私娼を「あひる」と呼んでいるから、これも歩くときの腰付きから家鴨を連想しての名であろう。

よく腰を据えて振って歩く女性を「あひるが首に弁当箱をぶら下げて歩くようだ」と揶揄するのも、妙に腰を振って歩くさまをいったもので、こうした腰付きは以前の売春婦に多かった

夜鷹、引っ張りよりは、やや上位である。

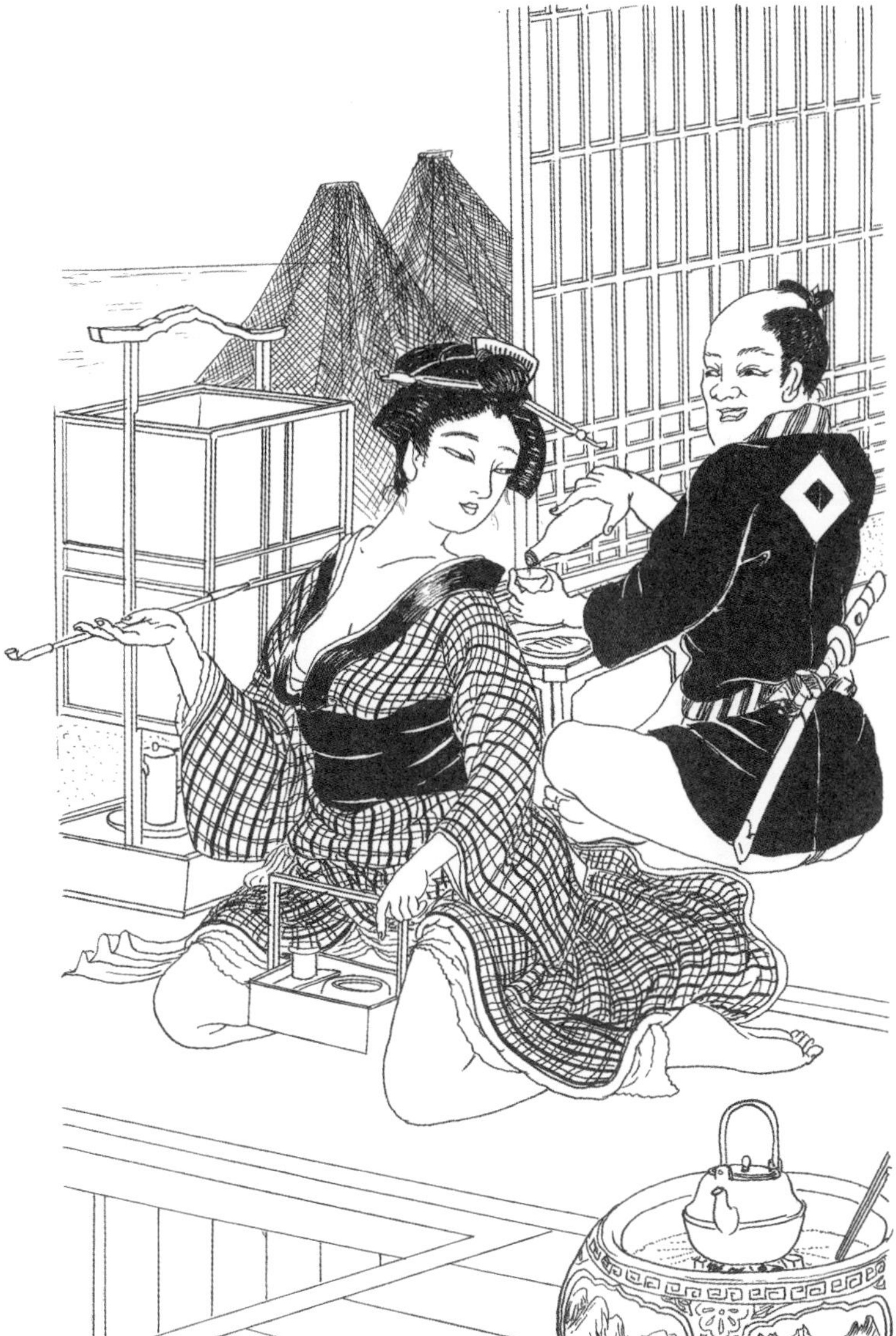

家鴨
あひる

六一　夜鷹㈠

夜鷹は数人往来に屯ろして出るので、時には「ぎう」（妓夫太郎といって局見世の若い衆で客引き）と同じような男が、監視兼世話役を勤め、素見客《ひやかし》が溜ると「さあ、ざっと御覧なされて、なされて」と小腰をかがめて整理した。夜鷹に出る女性は、若くして十五、六歳から四十歳位。時には皺を白粉で塗り隠した七十歳位の老婆もいたという。夕刻から三更頃まで出るが、皆貧家の女性の夜の内職であった。

井原西鶴の『好色一代女』にも、

其方は幾歳ぞと年を問はれし時、身に応《こた》へて恥かしく、物静に作り声をして十七になりますといへば、さては吾儕《わがともがら》と同年と嬉しがりぬ。闇の夜なればこそ、此形を秘しもすれ、最早五十九になりて十七といふ事は四十二の大僞《うそ》、世の後は鬼が咎めて舌を抜くべし。（中略）同じ貸家の奥住居して七十余の姥《うば》、悲しさ煙を立兼ね、明暮《あけくれ》足の立たぬを歎き、我に諫められしは、其方の姿ながら、浮々《うきうき》と暮し給ふは愚なり、ひらさら人なみに夜出て給へと進めけるに、此年になりて、誰が請取者《うけとり》のあるべきといへば、彼姥赤面して、我等さへ足の立つ事ならば、白髪に添髪して、後家らしく作りなして、一坏摑ます事なれども、身が不自由なれば口惜や、こなた是非々々と申しけるにぞ。又心引かれて、食はで死ぬる悲しさよりはと、それに身をなすべし、然れども此姿にて成難しといえば、それは今の間調へる仔細ありといふ言葉の下より、仁体らしき人を連れ来て、我を見せけるに、此親仁よく〳〵飲込みて、なるほど闇には銭になるべしと、宿に帰りて風呂敷包を遺しける。此中に大振袖の着物帯一筋二布物一つ、木綿足袋一足、是皆貸物に拵《こしら》へ置て、それ〳〵の損料布子一つを一夜に三分、帯一つを一分五釐《りん》、脚布《きゃふ》一分、雨夜になれば傘一本十二文、塗木履《ぼくり》一足五文に極《き》め、何にても此道に事欠けざるかり道具ありて、暫時がほどに品形をもれ仕替へて、此勤《つとめ》を見覚え聞習ひ、君が寝巻の一節唄ふて見しに、声可笑《おかし》げなれば、牛《ぎゅう》夫に付声させ、霜夜の橋々渡り兼たる世なればとて、最口惜《くやし》かりぬ云々。

とあり、これは大坂の惣嫁《そうか》であるが、いで立ちはだいたい江戸の夜鷹と同じであった。

七十余の老婆に大振袖着せ、生活《たつき》が立つようにと霜夜の橋辺に送り出すが、衣裳履物はすべて借物で、夜鷹屋の賃貸し。〆めて六分五厘と十七文を一夜で支払うのであるから、余程稼がないと衣裳代も払えない。とても七、八千文稼ぐのは、容易ではなかった。

江戸の夜鷹屋は、こんな暴利をむさぼることはないが、やはり雇い契約をした女性は、抱え主にかなり吸い上げられたし、夜鷹仲間の自衛上街のヤクザ等に守ってもらったり、妓夫太郎の世話になるので、上納金もあるから一夜に相当稼がねばならなかった。

夜《よ》鷹《たか》

夜鷹の服装は、古くは黒または花色に裾模様を染めた木綿振袖であったが、江戸末期は普段着のものもあった。ある書には、黒紬《つむぎ》に光綸の半襟、白ぬめの帯、表は黒茶の木綿に白桟留《さんどめ》の帯で、本所から出る夜鷹は白木綿の手拭をかむって端を口にくわえ、鮫が橋に出る夜鷹は手拭をかむらなかったという。薦《むしろ》を巻いたものを小脇にかかえるが、これは客と寝るときの敷物となった。古くは帯を前に結んだが、近世は後結びである。

六二　夜　鷹　(二)

阿部弘蔵の『日本奴隷史』第十章　近世期奴隷の種類、遊女の項に、

都《みやこ》能《の》手《て》不理《ぶり》よたかの条に、ひるはふし夜は行て鳴くとかいへるふるきふみのこゝろもて名づけそめたりけむ云々。賤者考に夜鷹（かくいふは、夜のみ出るを鷹と云ふは鳥目をつかむといふ滑稽なるよしなり）とあり。

と記され、鳥目《ちょうもく》は穴あき銭の意と、鳥は夜目が見えない意とをかけ、鳥目二十四文を取って客をつかむこととするが、夜鷹については、

歳のほどは四十以上より五、六十ばかりのふる女多く、瘻《ろう》なるは小娘の姿に装《よそほ》ひ、姥は墨もて眉を書き、白髪を染めて、島田髷に結ひ、鼻頭の欽け落たる（黴毒《ばいどく》病持ち）は蠟燭の流《ながれ》をもて補ふ。襲《つんぼ》あり、跛《びっこ》あり、青育《あきめくら》あり、何れも黴毒にて、娼家に用ひ難き醜女《しこめ》の、顔に施粉して、疵の痕を埋め、手帕《てぬぐい》を被頰《ほおかむり》して、垢つきたる襖子《ぬのこ》に黄ばみたる二布《ふたの》して、蓆《むしろ》を抱へ、點燈の候《ころ》より端々の辻、川々の辺、及び空閑の地、あやしき樹のもとに立ち、又は人家の軒下納屋などいふに佇《たたず》みて、往来の袖をひかへ、数文の銭に情の切売して、客を呼ぶ声凄ましくも亦哀れなり。

とある。この記述では貧しい女性の内職ばかりではなく、年老いて生活に困る老婆から、黴毒重症で客をとることが出来なくなって、遊里から追い出された遊女上りの者から、身体障害者に至るまで、その日の僅かの収入を得んがために、心ならずも肉体提供をしなければならなかった江戸時代の下層社会を鋭く観察している。そして「客を呼ぶ声凄まじく」収入を得んがため必死に生きようとして、醜態を晒している女性に、「亦哀れなり」と同情し、

世間の機構に憤慨している『近世風俗志』に、

今世の夜鷹は専ら縞綿服の古麁《そ》なる者多し。夏の浴衣には新衣も見ゆ。帯背に負手巾をかむらず、多くは前垂を着《つけ》たり。或書云、本所夜鷹の始まりは元禄十一年九月六日数寄屋橋より出火し、風雨にて千住迄焼亡す。其焼跡へ小屋掛し折節《おりふし》本所より夜々女来りて小屋に泊る。世の良き時節故に若い者徒然《つれづれ》の慰みに互いに争ひ買けるより始まる。

とあり。古くは小屋掛けをしたようである。

夜鷹は、以上のように一夜に沢山の客をとらねば、雨の日の臨時休業もあるから、公娼のように客を振るなどということはなく、一人でも多くの客をとろうとした。

夜　鷹

江戸時代に有名だったのは「ひととせおかん」（一説に「ひととせおしゅん」）で、これは江戸の町奉行を勤めたことのある根岸肥前守鎮衛《やすもり》の書いた『耳袋』巻六に、

いまだ元文（一七三六～四〇、八代将軍吉宗のころ）の比なるは賤しき者も風流なる事ありしやと秋山翁かたりしは、柳原へいで候夜発《やほち》、大晦日の夜三百六十人の客をとりし女ありと、その抱え立承りて今夜に限りひと年《とせ》おかんと名乗り候えか

夜鷹

しといひし由、その頃毎夜夥《おびただ》しく見物なりし由。秋山も小児のころゆえ負はれて見に行しが、美悪は覚えずと語りぬ。

と記されている。

馬場文耕の『当世武野俗説』にも「ひととせおしゅん」の名で記されている。場所は柳原土手のはずれ、筋違橋《すじかい》の髪結床《かみゆいどこ》の裏が稼ぎ場であったというが、一夜に三百六十人はとても相手出来まい。仮りに夜五時から暁方《あけがた》の五時までの十二時間に、延々とつながった客をこなしたとしても、一人平均二分ちょっとであるから、不眠不休でも身体が保つまいし、一人の夜鷹にそんな長蛇の列を作って順番を待つというのも、不自然である。

これは、おそらくテクニックと愛想が良いので、一人が百文二百文とはずんだので、二十四文の三百六十倍位の収入になったのであろう。それにしても、一夜で九十人から五十人位を相手にしたことになる。

『近世風俗志』には、

因記《ちなみにきす》、本所より出る夜たかに名を一年と云あり。ひととせと訓ず。此土妓の詠歌に「身の秋はいかにわびしきよひ〳〵に顔さらしなの運の月かげ。何人の果なるを詳《つまびらか》にせず。由《よし》ある女の零落なるべし。」

と記している。いずれ身分ある人が落ちぶれて夜鷹になったから、歌も詠じたのだと想像されているが、この歌も後人が「おかん」伝説を作るために作ったものであろう。

六三　夜　鷹（三）

四谷の鮫が橋にも夜鷹の巣窟があった。川柳子に、

はな散る里は吉田町鮫が橋

と詠まれるほど有名であった。一時の桃源の遊びであるから、春宵花爛漫と言いたいが、花散るは桜花が散るのではなく鼻が落ちることをいった。不潔な性病の黴毒を移され、病状進行して脳を侵されたり、鼻がくずれて落ちてしまうこと。こうした病原菌の巣窟は、夜鷹で聞えた本所の吉田町と四谷の鮫が橋であるというのである。『俗枕草紙』にも、

鮫が橋　総じて関東夜鷹の根元、瘡毒《そうどく》の本寺は是やこの里になん侍《はべ》る

とあり、一時は江戸中で四千人いたといわれ、吉原に行く途中の柳原の土手にもいたという。

客二つつぶしてそばを三つくい

という川柳もある。夜鷹の出没する所には二八蕎麦（夜鳴そばとも夜鷹そばともいい両掛の荷台を天秤棒で担いで流し歩き、夜分の空腹者が丼一杯十六文で買った）がやって来る。夜鷹買いの客も食べるが、一夜に数多くの客をとる夜鷹も重労働であるから腹がへる。客の来るあいまに二八蕎麦を食うが、忽ち

夜　鷹

夜　鷹

三杯ぐらい食ってしまう。

三杯で四十八文、ちょうど夜鷹の一交の稼ぎ代二十四文の倍、つまり客二人とった稼ぎは蕎麦三杯分で消えてしまうことになる。そして更に稼がねば、翌日の夕刻までの生活費が出ない。一夜に十人客をとったところで、二百四十文では、いかにも零細な稼ぎであった。

もっとも、江戸時代末期には「宵越しの銭は持たない」という気ッ腑《ぷ》の良い江戸ッ子は、五十文や百文を夜鷹に与え、地方出の屋敷奉公の折助《おりすけ》達のように吝《し》みったれた事はしなかった。当百（百文に相当する）の天保銭（実際は九十七文の価値と認められていた）をポンと一枚投げ出して、「釣りはいらねえよ」と夜鷹のおばさんに言って去る。これに反して、武家奉公人の折助などは、二十四文を値切ったり、「やり逃げ」するから、支払いは前金を渡さないとさせなくなったという。

夜鷹という名の起りは、鷹の種類を俗に四十八鷹というが、江戸の夜発の一交代は四十八文の半分の二十四文であるから鷹の半分、つまり夜鷹という鳥にあてはめた隠語から来たとも、夜行して鷹のように餌をつかむ（客をとる）から来たとも諸説ある。『傍廂』に、

夜鷹といへる賤しき遊女を夜鷹といえるはさることなり。和名類聚抄《わみょうるいしゅうしょう》に粧鴟《よたか》、与多加、昼伏夜行、鳴以為粧也とあり（と記しているが、慶長版『倭名類聚鈔』には与多加の語はない）、たそがれの頃木立の繁みより出づる鳥あり、道路に伏すゆえ、夜鷹と名づけしにやあらん。

とある。『寛天見聞記』には、

（本所）吉田町に夜鷹屋といふがありて、四十あまりの女、墨にて眉を作り、白髪を染めて島田に結び、手拭を頬かぶりして、垢つきたる木綿布子《ぬのこ》に、同じく黄ばみたる二布して敷物を抱えて辻に立ち朧月夜にお出《いで》お出と呼声。

と記されるが、吉田町には「夜鷹屋」という売春婦の溜り場が有名であった。江戸川柳に、

頼政の射通しさうな吉田町

と揶揄したのは、老いた女が白髪を染めて厚化粧して宵闇に現われるさまを、化物の鵺《ぬえ》に見立てたので、源三位頼政だったら弓で射て退治したと武勇を誇るであろうとの意である。

六四　総《そう》嫁《か》

関東では夜鷹・京大坂では総嫁、紀州で幻妻《げんさい》、四国で間短《けんたん》等といい惣嫁とも書いたが、夜鷹と並んで最下層の売春婦。『浮世草子』『風流徒然草』『娘気質《かたぎ》』『覊旅《たび》漫録』等に記されているが、京都では二条から七条までの賀茂川の河原に薦囲いの小屋を建てて、通行人を誘ってこの中で売春したもの。一回十文で、これらの女性は遊女上りや素人の妻女もいた。

『訓蒙図彙』に図示して「想嫁《そうか》、想与女《そうよめ》、売女《ばいた》、夜発《やほつ》、下立売のなき六とあり「今の名とりの上ものは大和のさん、五條のきち、さやまちのはつ、しりふりのまん、六條のさんがかか、松原のかめ（下略）これらは当時の名家なるべし」とあるが、辻君、立君と同じく道行く人の袖を引く。江戸の夜鷹と同じであるが、江戸の夜鷹は筵を巻いて

総《そう》　嫁《か》

抱え、これが褥《しとね》になるが、総嫁は筵掛けの小屋を作ってその中で一交する。『近世風俗志』第十九編　娼家上に、

孀嫁《そうか》　京坂にて土妓《どき》をそうかと云也。古の立君《たちぎみ》夜発《やほち》なと云類也。京師は鴨川橋辺の川原に小屋を造り筵を敷て戸口に立て客を待つ。大坂は玉造辺又は長町に住す貧民の妻或は年季を定め給銀を以て抱へたる奉公人もあり。此給料銭定也。遊女と同く年季中の給分初《はじめ》に与ふる也。

大坂は更に小屋を製せず、諸川岸土蔵の間、或は材木の間に彳《たたず》みて客を待ち、ぎう（妓夫太郎のこと）あれども何れに在るか見へず、争論等ある時は彼《かの》ぎう何所より歟《か》出来る也。〇事を行なふ所は川岸蔵の下を便とする也。川岸を京坂には浜と云也。大坂の濱、蔵牀の下石柱を立て行レ之に足り、敷物は草筵を用ひ、又外見を覆ふには草筵に竹を挟みて二枚屏風としたむしろ屏風を用ひ、又は雨傘をも用ふ。大坂の孀嫁一交三十二文を定制とす。江戸の如く定制より多く与ふるは甚だ稀《まれ》也と聞《きけ》り。或は客乞て帯を解かしめる者など百文も与ふと云《いえ》り。

とあって、江戸の夜鷹は定めは二十四文であったが、江戸ッ子は気前が良いから五十文も百文も与えた。上方は吝《けち》であるから定め通り三十二文、裸にならせる時だけ稀に百文払ったという。川原に筵掛小屋を作るのは京都の惣嫁、大坂は江戸の夜鷹と同じであったが、筵を竹に挟んだ二枚屏風で囲って売春したという。

瀧沢馬琴が享和二年（一八〇二）五月から八月にかけて京都・大坂を旅行した見聞録を記したものを蓑笠漁隠遺稿とし、渥美坦庵《たんあん》が校閲して『壬戌《じんぼ》羈旅《たび》漫録』と名付けて出版されたが、その六十三項に、

総嫁は二条より七条までのかはらへいづる。河原にむしろかこひしてこゝに夜合す。

と記されて下に筵小屋が描かれ、註に「河原の水なき所に石を高くしそのうへにむしろをかこひ三尺に一間をするなり。ひるはとりくずして又夜は小屋をかける。総嫁は川ばたにたたずみの往来の人をひく」とある。乞食の筵小屋のようなものであったろう。

六五　引張《ひっぱ》り

喜田川守貞の『近世風俗志』第二十編　娼家下に、

天保以前より有レ之。蓋《けだ》し以前のは往人繁《しげ》からざる所に出て人を撰《えら》みて袖をひき、或は言《こと》ばをかけて勧むる也。売女自《みずか》ら出て勧レ之、或は売女は宿に在《あり》て老婆など出て勧レ之、客を宿に伴ひ帰りて売色せし也。近年の引ぱりは堺町など往来繁き所にも出て勧レ之。或は堀江町、小舟町、小網町辺の川岸に彳みて勧レ之、宿に帰るも稀には有レ之と聞くと雖も多くは惣厠《そうかわや》に伴ひ立て○○する也。実に浅間敷行《あさましきおこな》ひ也。一交大略四十八銭ばかり也。多くは四、五十歳の婦にて若き女は甚だ稀也。特に衣服も甚だ垢付たる容子《ようす》にて白粉などは粧《よそお》はず。安政の比《ころ》に至り、益々行《おこなわ》る。江戸中諸川岸大略《おおよそ》有レ之。一石《いっこく》橋辺上品《じょうぼん》の引張り出ると也。然れども宿に伴ふと云《いう》は虚《うそ》なるべし。所詮に川岸を場とする也。今の引張りは夜鷹の一種異名なるが如く、乃《すなわ》ち昔の夜鷹なり。

とある。中世の立君《たちぎみ》・辻君《つじぎみ》と同じで、往来で通行人の袖を引いて勧誘するから引っ張りで、江戸時代からの用語らしく、関西の惣嫁や江戸の夜鷹と同じである。

惣嫁・夜鷹は縄張りと或る程度の組織があって共同防衛していたが、引張りは個人的で、言い換えれば潜《もぐ》りの夜鷹であり、時には住家に連れて帰って売淫した。貧しいが故の内職的行為であるから、裏長屋の後家や、疲れた妻君が多いから若い婦人は少なく、その上に衣類も粗末であり、銭湯にも碌に行ってないから不潔極りない。

然し江戸時代は家から外に洩れる灯りも少ないし、僅か大商店の店先の灯台や辻番の灯りが所々あるくらいであるから、現代人の想像外の大江戸の夜景で、月影ささぬ限り真の闇であるから、僅かに洩れる灯りでは女性の美醜はわからなかったであろう。女性に声かけられれば若い女とも思うし、誘われて家に連れて来られても、現在の十ワットか五ワット程度の当時の行灯の明りでは、女性であれば欲情の対象となる。一交四、五十文の遊び賃ぐらいは、はずむ気にもなったであろう。

また家に連れ込まずとも、付近の長屋の惣厠（共同便所）は中が更に暗いから、手さぐり足さぐりで入って、そこで客と一交することも出来た。暗いから他町の長屋の共同便所でも、人が入っていれば長屋の者と思われ、怪しまれないこともあったろう。

引張り

これが、引張り達の夜の生態である。それでも夜鷹は野合であるから、一交二十四文（幕末には百文も出す客もあったが）から較べれば倍の値段であるのは、自分の長屋に引っ張り込んで、茶か湯ぐらいは出し、不潔でも煎餅蒲団ぐらいはあり、冬でも蛍火程の火鉢に、風にも当たらないから夜鷹買いより増しであったろう。

いずれにしても、夜鷹に劣らぬ最下層の密淫賣であった。

中には、女性に代って老婆が引っ張りに出たのもあった。一石橋付近には、囮《おとり》として美形の引張りが出たともいう。

六六　提《さげ》重《じゅう》

提重とは、枠が付いて提げ持つことの出来る重箱で、行楽の折りに弁当・菓子などを入れて持ってあるけるように作られた品であるが、重箱を風呂敷に包んで持って歩くことも、提重といった。

江戸時代の提重という隠語は、提重を持って食物を訪問販売する名目で売淫する女性をいった。重箱の中には饅頭や菓子、その他の食物を入れ、寺院や武家奉公人のいる屋敷や独り者の家を訪れて、これらの食物を売るという名目で、客の誘いによって売淫した。『近世風俗志』にも、

提重箱に食物を納め売り歩きて売色せしなり。

とあり、明和から安永頃（一七六四〜八〇）に流行し出した新商売である。売春は現行犯であるし、寺社や武家屋敷は町奉行所の取締外であったから、提重はなかなかつかまえられない盲点の存在で、また売淫料も一定していなかった。

食物を売るより売淫が目的であるから、衣装に片襷をかけて赤前垂しても、顔は不似合なくらい厚化粧し、顧客の前では脛《はぎ》をちらつかせて媚態を示したから、菓子饅頭等はお義理で一個か二個買い、あとは女体の一部の饅頭を買うようになるわけであった。川柳にも、

提重は坊主殺しの毛饅頭《けまんじゅう》

と詠まれたのはこれで、小さい寺の住職や大寺の納所《なっしょ》坊主にしろ女性に飢えており、菓子売りの女性商人が庫裡《くり》に出入りしても人は怪しまないから、悠々と勝手口から出入りできた。

提重は胡粉下地《ごふんしたじ》のように塗り

と川柳子が笑うように、行商に必要ないほど厚化粧したから、女性に飢えた男性はすぐ引っかかった。したがって、年老いた女性の提重というのはなかった。

提《さげ》　重《じゅう》

六七　綿《わた》摘《つみ》

江戸中期頃の隠し売女の一種で、下級の者である。喜田村信節の『嬉遊笑覧』巻之九　娼妓の項に、

寛保元年のころのはやり歌をいふ内に、傾城遊女白人《ひろうと》躍子《おどりこ》呼出山猫《やまねこ》比丘尼飯盛《めしもり》綿摘夜鷹転《ころび》舟饅《ふなまん》、かくの如くにてにおはの一向なき唄も此ごろのことなり。按《あんず》るに宝永六年巳丑六月廿日町中に、遊び女《め》を綿つみと名付し隠し置候儀、前々より停止申付候処、頃日猥《みだ》りに売女など差置候之様、相聞不届に付候云云

とある。

傾城遊女は遊女のこと。白人とは遊女以外の隠し淫売、娼婦を黒人《くろうと》というのに対して白人、白湯文字ともいった。躍子は踊り妓《こ》で芸者。呼出しも芸者、山猫は京都祇園社の裏の山手の芸者のことで、この名が拡まって売春する芸者の異名。

比丘尼は歌比丘尼《うたびくに》で売春婦、飯盛りは宿場で飯盛女として雇った売春婦。夜鷹は夜の辻君、転《ころび》はころび芸者、芸者という名目の売春婦、舟饅は舟饅頭という売春婦である。

この中の綿摘は、農家で栽培した綿を摘むのを手伝うという名目で雇われた女性であった。休憩中に農民に売淫をしたところから、綿摘手伝いの名目で出張売淫する女性で、後には綿を作っていない所にも行って稼いだ。

『武江年表』にも、

宝永の頃までありしわたつみと云しも土妓にてあり

とあり『近世風俗志』に、

綿摘の雇婦に矯《かこつ》けて売女せしなるべし

と記している。とすれば、地方の農家で雇った綿摘みの雇婦が売春し、やがてそれらの女性が街に出ても綿摘みと呼ばれた白人売春で（白湯文字）の類であるから、衣服も木綿の青梅縞《あおめじま》に白の二布《ふたぬの》の湯文字で一交二百文、一夜泊りで四百文で宿泊代三五十文ぐらい、盆屋を使えば二百文差引かれた。

綿《わた》摘《つみ》

六八　熊野比丘尼《びくに》

『東海道名所記』に、

いつの比か比丘尼の伊勢熊野に詣でて行《ぎょう》を勤めしが、其弟子皆伊勢に参る、此故に熊野比丘尼と号《なづ》く。其中に声能く唄ひける尼のありて唄ふて勧進《かんじん》しけり。其弟子亦歌を唄ひけり。又熊野の絵と号《なづけ》て地獄極楽凡て六道の有様を絵にかきて絵解《とき》いたし、奥深く御座せず女房達は寺に詣で談義なんども聞ことなければ、後生《ごしょう》をしらぬ人の爲に比丘尼は許されて佛法をも勧めたりける也。いつのほどにか唱え失ふて、熊野伊勢には参れども行もせず。

とあるように、比丘尼（尼僧）で地獄極楽の絵解きして布施をもらって生活したので、勧進《かんじん》比丘尼といい、びんささらを鳴らして因果応報の歌を唄ったので歌比丘尼ともいった。

人に呼ばれるためにいつしか薄化粧し注目を集め、やがて艶色に魅せられた男性が呼び込んで淫を求めるようになったので、姿は比丘尼であるが男の求めに応じる職業化した。

黒繻子の頭巾をかむって剃髪をかくしたので、「繻子鬢《しゅすびん》」などといった。井原西鶴の『好色一代女』にも、

黒羽二重のあたまかくし深江のお七刺《ざし》の加賀笠

とあり、『近世奇跡考』に、

残口之記に歌比丘尼、昔は脇挟みし、文匣《ふばこ》に巻物入れて地獄の絵説《とき》し、（中略）年籠りの戻りに烏牛王配りては熊野権現の事触めきたりしが、何時のほどよりか隠白粉《かくししろい》薄化粧つけて

という状態になったので、寛保三年（一七四三）四月に、

勧進比丘尼、花麗ナル衣類着、売女体紛敷《まぎらわしく》不届ニ候、右中宿等致候者有レ之候ハバ早々可二訴出一

と町触れが出された。

熊野比丘尼の中宿は和泉町の玄冶店《げんやだな》、又八官町御堀通り、京橋畳町で、在宿中は紗綾《さや》縮緬《ちりめん》縮《ちじみ》八丈等の紅裏《べにうら》で一向に尼僧らしくなく、頭には黒縮緬の投頭巾《なげづきん》（縮繻子も用いた）で客に呼び込まれると売春した。一方、小供の比丘尼を連れて柄杓をもたせ、門々に立って米銭をもらい歩く歌比丘尼も別にあった。

熊野比丘尼《びくに》

比丘尼の服装は時代によって多少異なるが、古くは浅葱木綿の頭巾であったが、元禄頃から黒頭巾で長くなり、揉み上げが流行すると、鉢巻を頭巾の上からしめ、耳を隠すようにした。享保の頃（一七一六～三五）には、頭巾を結髪のように折ってかむった。外出には加賀笠で針金ぶちとし、前方に紅色の布の小片をつけた。男仕立の煤《すす》竹色の衣に前帯を胸高にしめ、腰帯は幅広の平ぐけ帯、草履は後方が立って踵《かかと》を覆うようになっていた。足駄のときは、

歯が下方に拡がった形のものを用いた。

頭を剃髪して薄化粧したさまは、異様の艶めかしさがあるので、若い男よりも年配の好色男が、祈祷や絵解き講釈を名目に家に呼び込んで淫行に及んだが、売春料は不定であったようである。頭を丸めているので、丸女ともいわれた。

六九　蓮葉女《はすはめ》

井原西鶴の『好色一代男』に、

難波の浦は日本第一の大湊《みなと》にして諸国の商人爰《ここ》に集り、又上問屋、下問屋数を知ず、客馳走の爲に蓮葉女と云物を拵《こしら》へ置ぬ。是は飯焚女の見よげ成《なる》が下に薄綿の小袖、上に紺染の無紋に黒き大幅帯、赤前垂、吹鬢《ふきびん》に京笄《こうがい》、伽羅《きゃら》の油に固めて細緒の雪駄、延の鼻紙を見せかけ、其身持夫とは隠れなし（其身持夫とは隠れなし、此夫の字それと訓じて売女を指す意也）随分面《つら》の皮厚くして、人中を怖れず、尻居《す》へのちよこちよこ歩、行きびらしやらするが故に此名を付ぬ。

とあり、大坂湊は輸送船が繁く出入りする所で、問屋街は互に競走して取引する所だった。

そうした諸国の御顧客様《おとくいさま》接待のために、料理屋や遊女屋に招待するのでは、無駄な時間と金がかかる。そこで大勢の使用人を雇っている問屋や商家では、飯焚専門の女中（江戸時代の一般では飯焚きは男であるが、大坂は何くれと吝《しわ》い〔倹約家〕であるから、飯焚も女中にさせ）、更に飯焚女中でも一寸渋皮むけた女中を御顧客様への接待に出させた。諸国の田舎者との取引であるから、どうせ大坂一流の遊女芸者を出しても、その良さはわかるまいから、愛想さえ良ければ女中をあてがったって良いであろうという打算振りから、雇いの飯焚女を接待に出した。これが蓮葉女である。

普段は飯焚に使っているのであるから、衣裳も客前に出すのに上等のものは着せない。木綿織の着物に、汚れの目立たないように紺染無地の小袖、黒の大幅帯に、まるで茶汲女のように赤前垂、吹輪髪に京笄一本、髪は伽羅油を塗り付けて固め、雪駄の鼻緒は麻芯のしっかりした細緒、見せかけの鼻紙を帖《たた》んで沢山あるように折り重ねたのを懐ろからのぞかせ、客が肉体を要求すれば直ちに応じるように言い含められた女性であった。故に、この服装を見れば直ちに問屋に傭われた飯焚女兼接待淫用の女とわかるほどであった。これを蓮葉女（はすわ女、関東では、はすば女、そして軽挙の行為をはすっぱなことをする等）といった。

蓮　葉　女

主人に命ぜられて春も鬻《ひさ》ぐので、自然に腰がすわって、「尻据えての、ちよこ〳〵歩き、びらしゃらする」態が蓮の葉の水面に拡がった感じから蓮葉女という、と喜田川守貞は『近世風俗志』で述べている。

七〇　枝豆売

この頃の枝豆売とは、江戸時代の夏の夜、枝豆（大豆の実が成って莢《さや》に収って枝についたもの。もしくは枝から莢をもぎとって、これらを茹でたもので、酒の肴につまんだり、飯の菜にする）を深い笊に入れて小脇に抱え、表通りから露地、大名小路を「枝豆やあ、えだまめ」と呼び声上げて売り歩く行商の女性をいった。

髪に手拭いをかむり、着物の裾を上に捲いて帯に挟み込み、白か浅葱の湯文字（腰巻）をあらわし、駒下駄を履いて売り歩く。長屋の独身男や、大名勤番の長屋に住む江戸勤番の単身赴任の武士や中間折助達が、僅かばかりの枝豆を買い、枝豆売りの女性と一時の交歓をするのである。

枝豆を売って歩くというのは表面の見せかけで、本当は売春の外売であるから、この時代に流行した「提重」と同じであった。

阿部弘蔵の『日本奴隷史』第十章　近世期奴隷の種類　遊女の項の中に、

枝豆売と称し、秋宵（江戸時代は大陰暦であるから七月、八月は秋）を期し、直参（徳川家直属の武士をいう）番士の居住の地（下級直参で

枝　豆　売

勤番役によって俸禄を得ている武士、つまり同心級）及び大小侯の連房《ながや》（大名にも百万石から一万石まであり五万石以下を通称小名などといったが、その上屋敷、中屋敷、下屋敷等の表門側の通りを背にして勤番侍や武家奉公人の住む長屋があり、これらは上級武士を除いて単身赴任か独身者であるので、その長屋）の窓の下に佇み「枝豆やあ〳〵」とよばはりて、鹽煮にしたる枝豆を売りつゝ、中間小者に一身を売る者。

とある。

江戸庶民の人口は男より女が多かったが、江戸の武家地では女より男が多く、特に下級武士や武家奉公人は女に不自由していたので、下級の売春婦を買ったり、こうした外商の女を利用して欲望を慰めたのである。

七一　媗《けん》鈍《どん》

喜田川守貞の『近世風俗志』第二十編　娼家下に、

媗鈍　けんどんとかなを付せり。寛文二年（一六六二）寅の秋中より吉原に始めて出来る名也。往来の人を呼声喧《かまび》すしく局女郎よりはるか劣りて鈍く見ゆる迚喧鈍《とてけんどん》と書したり。其比江戸町二丁目に仁右衛門と云者温飩《うんどん》蕎麥《そば》切を商いしが、一人前の弁当をこしらへ蕎麦切を仕込て銀目五分（約四〇文）づつにうる。端傾城《はしけいせい》（下ッ端女郎）の下直《げちょく》なるになぞらえて、けんどんそばと號《なづ》けしより世間に広まる。守貞曰、喧鈍女郎は端傾城のことと聞へ、然も局より劣れりと云り。而《しかし》て好物訓蒙図彙には端は局に立玉ふ御方也。端居の義也。一名化契《けちぎり》とばかりの契りにて小銭遣ひの衆生に結縁ある故也云云とあれば、又局と端と同き也。猶能《なおよく》追考すべし。化契

けん　どん
喧　鈍

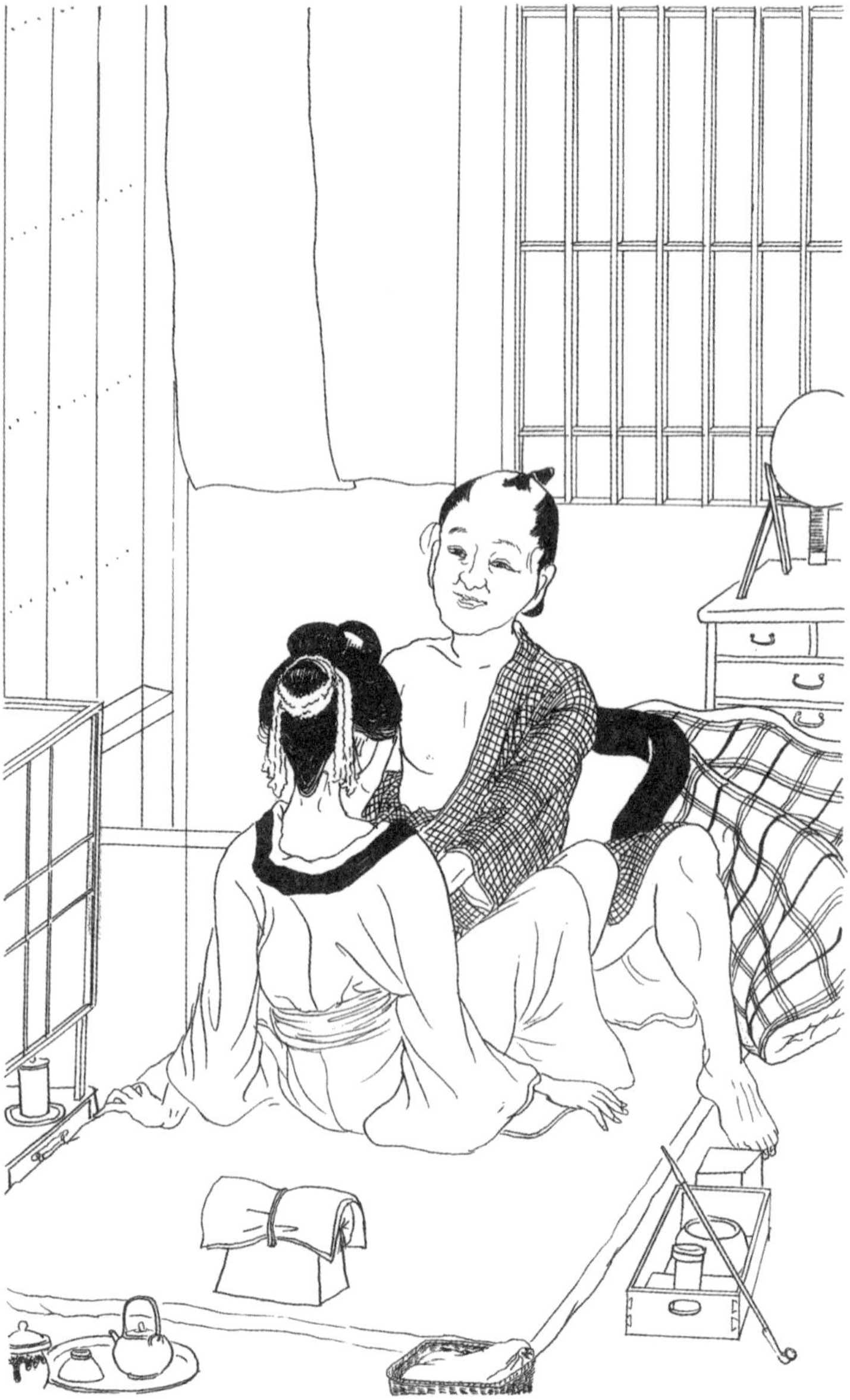

けちとかなを付せり。而もかりのちぎりならば仮契の字歟《か》。所詮局も端もけんどんも今世の長局女郎と云。又切見世ともいふ也。

とある。喧しく客を呼び、鈍い態度であるから喧鈍というのは、けんどんの当字を虚実《こじ》付けたようである。また仁右衛門の商った温飩蕎麦切の弁当が下直の値段であったので「けんどんそば」といったともしている。夜鷹の出没する場所に出る二八蕎麦（夜鳴蕎麦）を夜鷹そばというのと同じである。

喧しく鈍である女郎というのは、説得力がない。むしろ愛想のないお座なりの態度の突慳貪《つっけんどん》から来たものであろう。長屋（局）見世は客の数こなしの安い代金であるから、睦言などの余裕なく、一度済めば客をさっさと追い出し、次の客を迎えるという、ビジネス的であった。そこから突慳貪女郎といったのが略されて、「けんどん女郎」と言い、更に「けんどん」という仇名になったのであろう。

新吉原の局女郎は、切《ちょんのま》百文が定めであるが、喧鈍は「けんどん蕎麦」に近い値であるとすれば百文以下で、夜鷹すら二十四文のところ五十文、百文ですんだのであるから、最下層の長局見世女郎であった。

七二　麥《むぎ》湯《ゆ》

江戸市中の夏の夜に、繁華な街の軒下や樹蔭に縁台などを置き、「むぎ湯」と書いた紅行灯を置いて通行人の休息を誘う。これに腰掛て湯呑茶碗の冷えた麥湯を飲んでくつろぐが、その折りに給仕の女性が誘いをかけ、客が応じると、近くの待合連込宿か自分の住居に連れ込んで売淫する。麥湯とは、そうした潜《もぐ》りの私娼であった。

麦《むぎ》湯《ゆ》

阿部弘蔵は幕末から明治にかけての市井の様子に詳しい元幕臣であったが、晩年の著書『日本奴隷史』第十章近世奴隷の種類　遊女の項に、

麥湯と唱へ、夜間江戸市街喧囂《けんごう》の地に店を張り、涼榻《りょうとう》を置き、むぎゆと書たる紅き方燈をまねき（看板、しるしのこと）にして、少女子の己が私窩《しか》に客を誘引するもの。

と記されている。葭簀《よしず》張りの水茶屋等の道具立てでなく、単に縁台に麥湯の冷した大薬罐か桶と看板の行灯だけで、道具立ては簡単であるが毎夜その場所に運べないから、当然これを運ぶ係りの男が陰におり、店開きも店を閉めるもこの男が始末した。時には情夫であったり、その土地の縄張りを持つ地廻りであったり、また妻に売淫させる夫であったりした。

夜鷹に似ているが、表面は麥湯（麥茶）売りであるから、普段着に前垂、襷掛けで、出張した茶汲女のようでもあり、私娼の縄張りや土地のヤクザの目がうるさいから、あくまで往来の腰掛茶屋をよそおい、客の様子をよくうかがって、話がまとまれば自分の長屋か、客の好みによって連れ込み茶屋に行く。吝《しわ》い客には、夜鷹同様に物陰ですますこともあったという。

七三　竈《かまど》払《ばら》い

江戸時代は、たいていの家で竈で飯をたいたり釜の湯を沸した。大きい家では、漆喰いで固めた竈が列んでいくつもあった。竈は木の枝、木ッ葉、薪を燃して用いるが煙突のある家は少なく、たいていは台所の屋根を刳《く》り抜き、

蓋を紐で上げ下げした天窓から煙を出した。

煙は時には台所に充満することもあったので、煤で壁も黒ずみ、柱は黒光りしていた。火を扱う場所なので、火伏せの神や秋葉様を祀って、そのお札を貼ったり、穀物と福の神である大黒天像や夷神を加えた二神の像を柱の棚に祀った。

竈は荒神様が住むといわれ、江戸の商家などでは、毎月末と十二月の末に神社の祢宜《ねぎ》を招いて竈払いと称する浄めを行った。

竈払いは釜〆ともいい、祢宜が烏帽子に白の狩衣袴で来て、焚いている前で御幣《ごへい》を振ってあたりを清め、傍に家の者一同が平伏する。その折りに祢宜は片手に火箸を立て、片手で御幣を振る。

この祢宜の代りに巫女が来ることがあり、これは着物の上に白の水干を着て釜〆をするが、祈禱中に片膝立てて御幣を振るので、平伏した男達は上目使いに内股を見たりして欲情し、儀式終了後に言い寄って口説き落すことがあった。

そうした事が度々あって、巫女の釜〆は往々売春に走るようになり、やがて釜〆の巫女は売春行為が当り前となり、中には釜〆の「のりと」を碌に唱えられぬ偽の釜〆の巫女が横行するようになった。

これは井原西鶴の『好色一代男』にも「望めば遊女にもなるものなり」とあり、『吉原常々草』『好色具合』等にも記されている。菅笠をさして歩くが、薄化粧して、竈の前で神楽舞をし、太鼓打ちを連れることもあった。

『嬉遊笑覧』には、

竈はらひ、昔は江戸にも有と見えて、吉原つれつれ草に、下やしき守《もり》の若き男、釜はらひになじみありけり。（中略）西鶴が大鑑に、竈はらひの神子《みこ》、男ばかりの内（家）を心がくる。一代男に、檜皮《ひはだ》色の襟をかさね、うす

ぎぬに月日のかげをうつし、ちはやかけ帯むすびさげ、淡《うす》化粧して、眉黛《まゆずみ》こく、髪はおのつからなでさげ、其
有様中々御初穂《はつほ》のぶんにてなるまじ云云。品こそかはれ望めば遊女の如し。

とあり、神様の親戚と交るのであるから、竈の汚れを払うばかりでなく、不純な欲情も払ってくれるのであった。

ちはやかけとは千早のことで、巫女《かんなぎ》の着る小忌衣《おみごろも》という。一重で身幅二幅、袖一幅、白地のままに山藍で水草、春草、鳥や蝶などを摺り染めにし、袖は縫わずに紙縒《こより》で括ってある。水干に似た形式であった。

竈《かまど》払《ばら》い

七四　楊弓店《ようきゅうてん》の女

江戸時代から明治時代にかけて、盛り場に多くの楊弓店が流行した。楊弓とは柳か柘植《つげ》の枝で作った弓で、太さは箸ほど、長さは三〇センチ位の二本を銀製の握りの上下に挿入して弦を張ったもので、矢は軽い木の長さ二十八センチ位に三枚羽をつけ、筈《はず》は象牙、鏃《こじり》は革であった。三メートル程の所に、枠に布を垂らして的を吊り下げた。店番の矢拾い女が脂粉を凝らして媚を売るので、若い男が女を射落さんものと通った。交渉次第で近所の連込宿で肉体を提供するので、一種の売春婦であった。

喜田川守貞の『近世風俗志』第三十三編　追補の項には、

世事談曰　楊弓は玄宗楊貴妃に始る。因《よっ》て楊弓と云説あり。古来は楊にて弓を作りたるの名也とぞ。今は蘇芳《すほう》を以て削る。本朝には上古堂上の宮官女の玩とし、七夕には第一にすと也。弓長二尺八寸は天の廿八宿を表す。裏弭《つる》九分は九曜、本弭二分は七夕の二星を表すとし、矢長九寸は九曜、本尺と云。今は二分長也。的不レ落等にも法あり。結改《けっかい》一表矢員《かず》二百本也。中《あた》る所五十本以上は朱書、百本以上は泥書、百五十本以上は金貝、百八入十本以上大金貝と云。近年都一中此道を得たり。一表二百本不レ残的中したりと云。此者楊弓の書を編す。元禄の頃芝に五郎、未碩《みせき》と云両人の者其頃の上手にて百八十四五本の矢員《かず》。江戸中結改《けっかい》（勝負すること）場の看板に記し、無双の上手と云り。頃年は百八十四本は常のことにて百九十四五、或は七八に及ぶ。

とあり、昔は本来女性の遊びであった。それが江戸時代は町人の遊びとなり、盛り場には楊弓店（楊弓屋・楊弓肆ともいう）が出来、そこに矢取女を雇い、射た矢を集めたり点を数える役をし、時には客と射競べをして遊ばせ

楊弓店の女

たが、客を通わせるために厚化粧した。そのために好色男が繁々《しげしげ》と通い、口説き落して近所の待合茶屋に連れ込んだ。客と射競べするときは、客に相対して右手に弓を持ち左手で引く。これは客に背を向けるのは失礼であるという意味と、後ろから抱きつかれたり、腰に悪戯されるのを防ぐ為といわれるが、本当は向い合って片膝を立て内腔をちら付かせて客を誘惑する方法でもあった。楊弓店には、この弓のほかに半弓《はんきゅう》といって一メートルほどの弓を用意する所もあったが、名目はあくまで楊弓店といった。

七五　女の意和戸《いわと》

意和戸は岩戸の借字で、天照大神が素戔嗚尊の乱暴を怒って天の岩屋の岩戸を閉じた『記紀』の神話から来たもので、この時天照大神を誘い出すために、天鈿女命が岩戸の前で衣の前をはだけて女陰の見えるスタイルで踊ったという伝説から、女陰を天の岩戸の隠語として用いられる。洞窟・岩屋は勿論、女陰《ほと》に比定される。これは他愛のない見世物で、薦掛《むしろがけ》の小屋の中の台に女太夫が腰かけていて、口上を述べる男が、

「御扉帳開いて、それ出た、また出た、そう出ちゃたまらぬ、上見て下見て八文じゃ。色の好きな奴ァ目付でしれる。きらいなお方が何あるものか、そのわけだんよ。このわけだんよ」

というと『女の意和戸』に図入りで記されているが、この口上を述べながら細い棒の先で、時々太夫の湯文字をはね上げて女陰をちらと見せるだけであった。

小屋は出入口を挟んで中央高い所に大きくあけた窓状になっており、そこから花魁髪に衣装をつけた女性の背中

が見え、裾をまくったように裾先が外に垂れているので、前の方はさぞ良い女が裾を開いて丸見えになっているであろうと好色心を起こし、入場料はたかが八文であるからと通行人は入場する。

遊女上りで興行師に雇われた女性が、厚化粧して薄暗い薦小屋の中で、燭台や蠟燭のあかりに照らされているのであるから、少々やつれた女性でも美しく見える。

女陰なんて熟視できないから、反って熟視しようとねばるが、昼間から自分の浅間しい気持ちに、そぞろ淋しさを覚えて苦笑して出てしまう。

男の好色心の弱味につけ込んだつまらぬ見世物であったから、やがて刺激的な「やれ吹け、ソレ吹け」とか「やれ突け、ソレ突け」という悪どい見世物に発展するのである。

女の意和戸

七六　やれ吹け　ソレ吹け

江戸時代末期は、世相も退廃的傾向が強くなり、庶民の娯楽も低下して行った。

こうした中で卑猥な見世物として現われたのが、「やれ吹け、ソレ吹け」であった。

丸太組に薦掛の小屋で、盛り場の端の方に建てられ、中央やや高く内部が外から見えるようになっており、そこに花魁風に盛装した女性が背を見せている。

木戸銭を払って中に入ると、火吹竹を渡してくれる。場内は通りを背にした台に、厚化粧した女性が大股ひろげて腰かけており、陰所の所には赤い布が垂れている。入場者は火吹竹で吹いて、この赤い垂れを吹き、うまく吹き上げれば陰所が覗けるしくみであった。

一心に吹こうと思っても、女性が中腰でおかしげな腰付きをして動くので吹き出してしまい、なかなかうまく吹けない。たいていはあきらめてしまうのであるが、いたずら心から庶民の下層階級の者が、寸時の気紛らかしに、にやにや笑いながら木戸番に誘われて入場する。

江戸末期の絵草子本『開談遊仙伝』三冊本に、上野広小路における見世物興行として、歌川国貞がこの様子を克明に描いている。演技女の言葉の書入れに、

「ソレソレ、もつときつうきつうお吹きよ、エヱ上だよ。アレサ、下を下を、ソレ、ソレよいよ、よいよ」

とあり、大股拡げて尻を振ったさまに、客も欲情して来たらしく、

「ハテ、とんだ見世物だ。あゝ気が悪くなったわえ」（気が悪くなるというのは気分が悪くなるの意ではなく、欲情

して来た、気分がおかしくなって来たという意味で、江戸時代には春情を催した時に往々言う表現である。)

また「これはたまらぬ、いつみてもわるくない」等といわしめている。

陰門を日本古代神話の天照大神の岩戸隠れの岩戸に譬えて、「天の岩戸」とも、一生懸命吹いて見ろという意味と、太鼓の囃子の擬音にもじって、「吹け吹けドンドン」とか、入場料が八文なので「吹いたか八文」などといい、笑わずに上手に布を吹き上げたら景品がもらえるとされていた。

やれ吹け　それ吹け

七七　やれ突け　ソレ突け

太田蜀山人の『半日閑話』に、勘定奉行の発表として江戸庶民の人口五十二万六千二百十人とあり、内男は二十二万六千百九十七人、女は三十万十三人としている。これが武家・僧尼を除いた人数であるが、男性の方が八万ほど少ない。

この五十万という人口は、だいたい享保から寛政頃まで同じくらいで、女性の方が多いから男性は恵まれていたはずであるが、零細民になると、容易に妻を持てない。これは妻を養って行く能力がなかったのと、嫁に来手がなかったのである。したがって、裏長屋や棟割長屋の住人が、すべて妻帯者とは限らなかった。

つまり零細民は、女性にも飢えていたのである。こうした人々も少し余裕があると、岡場所の局見世や夜鷹買いして欲望をなだめる程度であったから、性的見世物は僅か八文であったから、興行師も彼らを対象とした。

江戸上野広小路とか、両国広小路の盛り場に筵掛けの小屋を作って「やれ吹け、ソレ吹け」と同様に客を集め、一尺（約三十センチ）にも満たない棒の先に、綿を丸めて布に包んだ稽古用のタンポ槍のようなもので、女性の陰口を突かせた。女性は腰を巧みに動かして避けるので、なかなか命中しない。その動作が卑猥でおかしいので、突く方の手許が狂って、つい笑ってしまう。

他愛のない男性の欲情の吐け口であったが、女性をなかなか抱けない零細街の男性にとっては、僅かの慰めであった。こうした見世物に出る女性も、これ以外に働き口のない人生の落伍者で、阿部弘蔵の『日本奴隷史』第十章　近世期奴隷の遊女の項に、此期（江戸時代末期）は前期に於ける辻君立君と同種なる賤陋《せんろう》の婦女子なり。又やれ突け（やれ突け、ソレ突けの女性のこと）、役蛇《へびつかい》女（次項参照）の類の如きは、幸に弄屁《ろうひ》（曲屁をする見世物）の事なきも、或は牝口《ひんこう》（女陰）を露出し、肉具やうの物もて（前記のタンポン状のものをいう）これを戯弄《ぎろう》せしむるに任せ、又は数尾の蛇を翻弄して之を股間に出没せしめて、笑具に供せしむるなど、其の醜《しゅう》実に言ふに忍ばれぬものあり。何れも極めて劣等なる遊女の年季明け若《も》しは廃物などの、観物師《みせものし》の為に購《あがな》はれ来りて、買主の機械的動物となりて、か丶るうきめを再演し、その血を啜《すす》りその肉を啗《く》はるるものにして、その所業の性質より見るに、是亦遊女の族《やから》たることを免れず。

とある。阿部弘蔵は歴《れっき》とした幕臣であったが、市井の状況にも通じていたから、蛇遣い女もやれ突けソレ突けも秘かに目撃し、それら零落した女性の経歴についても明るかったらしい。

やれ突け　それ突け

　こうした見世物興行師に買われて悲惨な生活を過した女性は、家貧しくして年頃に二流、三流の岡場所に売られ、客より悪い病気を伝染《うつ》され廃物となった者が多く、他に生きる術《すべ》がないまま、下層民の前で恥を晒して生涯を終えたのである。さすがに明治に入ってからは、この種の見世物興行は跡を絶った。

七八　蛇遣い女

蛇が女性を好むという話は世界的なもので、古代神話にも蛇が女性のもとを訪れる話が多い。日本神話においても大物主神の如く、夜女性のもとを訪れるが本体は蛇であったとされ、これの類例は甚だ多い。『日本霊異記』『今昔物語』、近世においては『耳袋』その他随筆などに散見し、また昭和の初期頃までの地方では、女性が蛇に這込まれた話は嘘か誠か、しばしば耳にする所であった。

蛇の鎌首は男性のアレを連想させるので、女性と蛇の関係は恐ろしい反面エロティックな組合わせとなっている。これは昔の人も同様の感覚であったと見えて、広場や盛り場で興行物が盛んになり始めた江戸時代、すでに蛇を弄《もてあそ》んで見せる興行が始まっている。

寛永九年刊（一六三二）の『尤の草紙』に記されており、蛇遣い女の見世物は評判になった。馴らした蛇を身体に這わせたり、懐ろや袂《たもと》に入れるだけでなく、しだいに怪げな所に這い込ませるので、獵奇的人気を呼んだ。

『天和笑委集』によると、江戸堺町には十五、六軒もの蛇遣い小屋があって互いに競い合い、興行主のあせりからしだいに蛇を遣った猥褻演技に移行して行った。徳川五代将軍綱吉の貞享四年（一六八七）の生類憐れみの令によって、蛇も酷使（?）されることが禁止されたので、この興行も中止されたが、八代将軍吉宗の頃（一七一六〜八五）に再び蛇遣い興行は復活し、盛り場の人気をさらった。

蛇遣い興行は丸太組みに薦掛の小屋で、中央に少し高い所が空けられていて、そこに花魁姿の打掛つけた蛇遣い女の後姿が外から見えるようになっていて、看板には沢山の蛇をもてあそぶ美女の絵が掲げられていたとある。

入口には呼び込みの若い衆が、面白おかしく口上を述べて客を釣る。木戸銭を払っていると、小高い台に盛装した厚化粧の女性が、いろいろの蛇をつかんでもてあそび、最後に裾から這い込ませるのであるが、客は連想を逞しくして、声援を送って興奮した。

当時の川柳にも、

看板は弁天に描く蛇遣い

天人が居《すわ》ったような蛇遣い

など、蛇遣いを詠んだものが頗る多いが、阿部弘蔵の『日本奴隷史』によると、

蛇遣い女

遊女の年季明けや、悪い病気を傳染されて廃物となった遊女が、生業《たつき》の無いまま極悪非道の興行主に買われ、年齢を白粉で塗り潰した厚化粧で若い花魁姿に見せて蛇を遣って見せ、大衆の獵奇心をそそるために陰口に出没せしめて見せたので、川柳に、

物前《ものまえ》に穴に入りたき蛇遣い

とある。

物前とは武士の用語で戦闘開始の直前をいったが、蛇遣い女が、いくら遊女上りでも、大衆の面前で蛇を陰口（穴）に入れて見せるのは、蛇遣い女自体の方が穴があったら這入りたいくらい恥しいであろうの意。

文明開化を看板とした明治政府は、明治六年（一八七三）七月一九日付で太政官布告第二五六号〝各地方違式註違条例〟（21条）として、

男女相撲並ニ蛇遣ヒ、其他醜体ヲ見世物ニ出ス者

の禁令を出したが、以降蛇遣い女の見世物興行は止んだ。

七九　江戸時代の性具

①鎧形《よろいがた》

『黄素妙論』に図が載っているが、張形を縦に割いて、男茎にはめ易くしたもので、数段に窓状に透かしてある。韋《なめしがわ》製らしいが、ベッコウ製もある。これを用いると男性は感覚が鈍くなるから、持続時間が長くなり、女性は刺激が強くなる。

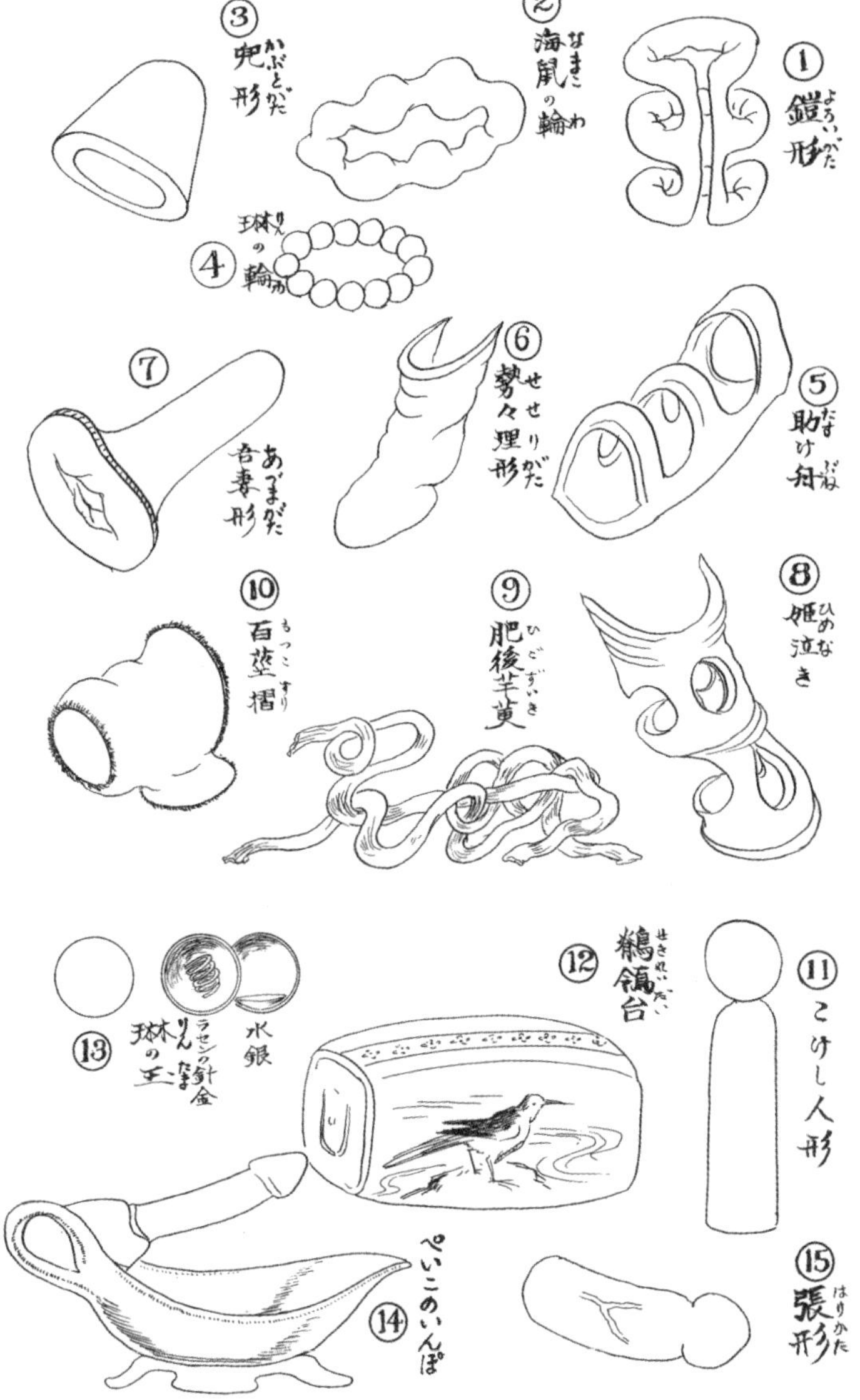
①
鎧形《よろいがた》
②
海鼠《なまこ》の輪《わ》
③
兜形《かぶとがた》
④
琳《りん》の輪《わ》
⑤
助《だす》け舟《ぶね》
⑥
勢々理形《せせりがた》
⑦
吾妻形《あづまがた》
⑧
姫泣《ひめな》き
⑨
肥後芋茎《ひごずいき》
⑩
百茎《もつこ》摺《すり》
⑪
こけし人形
⑫
鶺鴒台《せきれいだい》
⑬
水銀
ラセンの針金
琳《りん》の玉《たま》
⑭
ぺいこのいんぽ
⑮
張形《はりかた》

江戸時代の性具

②海鼠《なまこ》の輪《わ》

いりこ形、りんの輪ともいい、海鼠を輪切りにしたものを乾燥し、これを茎冠にはめて用いたというが、金属製が多い。中国の情艶小説『金瓶梅』に西門慶《さいもんけい》が『硫黄圏《いおうけん》』や『銀托子《ぎんたくし》』を用いて女性を喜ばしたのは、これである。

③兜形《かぶとがた》

江戸時代の『閨中女悦笑道具』(文政十年頃刊)に、『革形』『茎袋』と記され、薄い韋で作られていて、亀頭にはめて用いるので兜形ともいう。一部で流行したらしく、川柳にも「鎗先に冑卑怯のいくさなり」「またたこに引ったくられる冑形」「お腰元お冑でなら嫌とい丶」など詠まれている。上等なものは、ベッコウ製もあった。

④琳《りん》の輪《わ》

りんの輪は、金属の玉を輪に繋いで、茎冠にはめて用いるという。効果は海鼠の輪と同じ。極小の数珠のようなものである。

⑤助け舟

鎧形と同じで、男茎にはめて用いるというが、実用に供されたかどうかは疑問。男性の持続時間を長くするので、助け舟という。

⑥勢々理形《せせりがた》

久志理形《くじりがた》ともいって、女性用の代用品。これの小形のものが「指入形」「箱入息子」などといって、指先にはめて用いる。韋製であるが、上等品はベッコウ細工。

⑦吾妻形《あづまがた》

一名「ほとがた」ともいい、江戸の四目屋の広告文に「陰門のかたちをこしらえたるものなり。ひとりねのおとこのたのしむ具なり」、また吾妻形は韋にて製すとあり、女陰に似せて作った自慰用具。

⑧姫泣輪《ひめなきわ》

これを用いると、女性が泣くほど感じが良くなるといわれるので名付けられたとするが、鎧形の一種である。

⑨肥後芋茎《ひごずいき》

九州の白芋の外皮をとって、干瓢のようにしたものを湯に浸して柔らかくして男茎に巻く。これで事を行なうと、芋茎から粘液が出て、膣粘膜を刺激する。茎芋を巻くと男茎も太目になる。刀の柄絲《つかいと》を巻くように巻くという。

⑩百茎摺《もっこすり》

天鵞絨《ビロード》を裏地にした布または韋製の筒状のもので、これを男茎にはめて擦ると快感を覚える男性自慰用の道具。

吾妻形の一種で天鵞絨柄袋を裏返しにして代用にすることもある。

⑪ **こけし人形**

こけし人形の適当の太さのものは、張形の代用として女性自慰用に使われるという。

⑫ **鶺鴒台**《せきれいだい》

せきれいの絵を描いた小枕で、男女交るときに女性仰臥の腰に当てて、伸展位の効果を昂《たか》めるという。

⑬ **りんの玉**

金属製の球二個で、中にラセン状の針金と水銀が入っているので、動かすと微妙な音がする。これを膣に挿入して男女の交りをすると、音がする。一説に女性の箱枕の引出しに入れ、女性が事に及んで頭を動かすと音がするともいう。

⑭ **ぺいこのいんぽ**

女性の愛液を採取する道具とし、江戸時代にオランダ人が将来したといわれるが、不明である。薬研状の容器の端に男根状のものがついたといわれるが、遺物はない。

⑮ **張形**《はりかた》

古くは紙を張り重ねて作ったので張形というが、江戸時代は水牛の角かベッコウで作られ、後にゴム蠟、木、金属でも作られた。女性自慰用で、江戸時代の艶本にもしばしば出て来る。中が空洞で、湯を詰めるものもあった。

第四部

近代編

八〇　乞食淫売婦お勝《かつ》と土手のお金《きん》

明治初年から大正・昭和初期にかけて、東京市浅草区（東京都台東区浅草）の浅草公園（浅草二丁目）の第四区（歓楽街をもと六区といい、浅草寺の第一区と第六区に挟まれた地域。瓢箪池があり、植込みがあって遊客の休息場であった）には、遊客を当てにした乞食が集まっている所であった。乞食はだいたい落ちぶれた男性が多かったが、中には知能浅薄のため社会並の生活から外れた女性や精神に異常を来した女性が乞食の仲間に入り、特に公娼（当時は政府公認の遊廓の遊女）、私娼（公認されていない娼家の女性）等で、梅毒に侵されて脳に異常を来たして社会からかえり見られなくなった女性や、大酒飲みで身心の荒《すさ》んだ女性等であった。

公園の乞食には住居がないために、公園のロハ台（休息用の木で作った長椅子であるが、ここの使用は只《ただ》なのでロハ台という）を寝床とし、通行人からの恵みの金があれば山谷《さんや》あたりの木賃宿に泊るという、現在のホームレスである。従って通行人の恵みの多い時は食堂で食事し、安酒をあおった。女性の乞食も同様であるが、性欲を欲する男乞食の要求にも応じ、僅かの金銭で売淫した。

但し当時の警察も風紀上取り締まるので、この乞食淫売婦の情夫が見張役をするという一種の縄張りが出来ていた。この情夫を「乞食タカモノ」といった。「タカモノ」とは「ヤクザ」が堕落して乞食仲間に入った者をいうのであるが、乞食淫売婦はこの「タカモノ」に稼いだ金の二割ぐらいを支払ったというから、最低の生活にも搾取の組織があったのである。

こうした乞食淫売婦を「オカン」というが、明治の御維新後に武士階級が崩壊し、禄を失って生活の方法を失った武家階級の婦人・娘がかなり、遊女・芸者・銘酒屋の女として働き、前途が暗いままに大酒飲みになったり、梅毒に侵されて、職場を逐われて行く所がないままに「オカン」に落ちぶれた者が多かった。

彼女らは公園の飲食店の裏口で、残飯や客の飲み残しのビール・酒をねだり、酔うと醜態のままベンチで寝たり、乞食仲間に売淫したりした。明治二十年頃（一八八七前後）に浅草公園の乞食淫売婦で有名なのは「宿無《やどなし》お勝《かつ》」という美貌の女性であった。元は吉原遊廓の遊女であったが、客に梅毒をうつされ、それが脳に来たために精神に異常を来し、客も付かなくなったので無情にも追い出され、行く所がないまま公園の乞食仲間に入った。そして同じく浅草名物男の乞食文公《ぶんこう》に惚れ込んで、稼いでは貢いでいたといわれ、老齢になって公園で死亡したと伝えられている。

乞食淫売婦お勝

また、明治三十年頃（一八九七年前後）に「土手のお金《きん》」という、これまた美貌の乞食淫売婦がいた。

歴とした徳川家の直参武士加藤某の娘で、明治以前は躾《しつけ》厳しい生活で婢女に侍《かし》づかれていたのが、武家階級の崩壊と共に急激に貧しくなり、十六歳の時に川越の酌婦として売られて行った。やがて逆境に悲観して自暴

土手のお金

自棄となり、酒で気を紛らわすうちに、手のつけられぬ酒乱となり、そこを追い出されてから群馬・栃木・神奈川の各県の曖昧《あいまい》屋や銘酒屋を渡り歩き、東京に戻ったのが明治三十年頃で、三十歳を越していた。

十二階下の魔窟（浅草公園には木造煉瓦造りの十二階の凌雲閣という勧工場があり、その周りは吉原にかけて銘酒屋を表看板とする私娼窟があって賑わった）の曖昧屋的銘酒屋に勤めたが、渡り歩いて鍛えた手練手管で多くの遊冶郎を手玉にとった。頗る美貌のため集る男も群れたが、手癖が悪いのと淫売発覚のために七十余度も警察に検挙られ、五十歳ぐらいまで銘酒屋にいたが、もて余されて行く所がなくなり、浅草公園の乞食淫売婦に堕ちた。

公園を放浪して通行人の袖を引き、ドヤ（木賃宿）に連れ込んで売春したが、五十を越してからはさすがに美貌も衰え、汚い服装になって行ったので客もつかまえられず、乞食相手の淫売婦となった。そして昼間から往来に仰向けに倒れて下部を露出し、「おい、おめえたち、馬鹿面して何を見てやがるんだ。お、お、おれを知らねえのか、このおれを。土手のお金というお姐さんはおれのことだ。すっとこ野郎め」とタンカを切ったという。

乞食仲間を相手に稼いだ僅かの金で酒を買っては飲んだくれていたが、やがてその収入もなくなると、料理屋や銘酒屋の裏口に廻って、硝子の蝿取り用に用いたビールの気の抜けた不潔のものを強請《ゆす》って飲んだりしたという。六十三歳の時に観音堂脇の淡島《あわしま》様の後の方で、人にみとられずに息を引きとったといわれる。

八一　淫祠崇拝《いんしすうはい》

性器崇拝は世界中の古代民族にも見られ、ヒンドゥ教ではシヴァ神をあらわすに男根を象徴して、これをシヴァ・リンガと呼ぶが、日本でも古代から男根は石棒《せきぼう》としてあらわされ、信仰と呪術の対象となり、その遺物は頗る多く、また記録にも散見する。

後世でも豊穣・繁栄を願う民俗信仰としてかなり広範囲に拡まり、鉄・石・木での男根や女陰が作られている。これは道祖神塞《さい》の神として街角や村の出入口道にまつられたり、日本に伝わった道教の変型したものや仏教とも習合して、独特の性神信仰となった。

江戸時代には娼家でも、客で繁昌するようにと神棚や厨子に入れて信仰された。江戸幕府はこれを淫祠邪教のしるしとして禁止したが、それでも止まなかった。

淫祠崇拝

根岸肥前守鎮衛《やすもり》の「耳袋」にも、ある旅行者が娼家に泊り、その店の繁昌する理由は性神を祀ってあるからだと女郎から聞いて、夜中にこれを盗み出し、家に戻って祀ったところ、しだいに富裕になり、盗まれた娼家は衰微したということが記されている。

娼家で信仰する性神は、石や金属もあるが大抵木を削ったもので、女陰は枝を払った樹の痕が女陰のように凹んだものを利用したものが多い。これらは錦地の布で作った台に据えられ、厨子に列べてまつられたりしてある。

また寺社の境内や、山の入口、道端に道祖神として祀られ、小さい堂に入れられたものは、土地の人びとによって豊穣の願いの対象となり、時には芸者や娼家の女性が、お参りに来たりした。

明治に入って、再び淫祠邪教の禁止として随分破却されたが、寺社の中にこれを隠したものが多く、また村でも民俗資料として秘かに収納したので、今日でも往々見掛けることがある。中には、都会から花柳界の婦女子が密かにお詣りすることがあった。

根精様《こんせいさま》（金精様）といって、石や木で男根状のものを明らさまに路傍に祀るのは憚かれるので、小祠を作り前面に御簾で覆ったりしたが、中にはあからさまに祀り、御利益があると石や木の小男根を奉納して祀り、また花柳界の神棚には金精様を祀ってあった。性神信仰については多くの先覚が研究発表されているが、現在でも素朴な民間信仰として一部で崇拝されている。

八二　曖昧屋《あいまいや》

大正時代の雑誌『文芸倶楽部』の中の「東京」紹介の記事の中に、明治三十五年頃から大正七、八年（一九〇二～一九）頃までの浅草の様子を述べた中に曖昧屋という項目があり、次のように詳しく状況が記されている。

料理店に此名あるは、不可思議の別室を備え、芸妓または白首党《しろくびとう》（顔化粧する前の段階として襟白粉をべったり塗るが、それが下町の女性達には粋《いき》に見えたので、下級の娼婦も裏長屋の妻君も夕刻になると風呂屋に行き、湯上がりに襟白粉を塗った。下級娼婦は、この下化粧のままで客に接したので、これを白首、白首党などといった）の内職の用に供し、規則（密淫売禁止）を侮蔑して、旅宿類似に客を宿泊せしむるからの故であらう。待合に此名あるは、前者より一層甚だしき、公然旅宿の如く（待合とは入口の看板にある如く、商談・御休息の場所として部屋を貸すのであって、泊り客をとらぬのが規則）黴菌繁殖所（淋病・梅毒等の性病をいう）たるの故であらう。旅屋に此名あれば、汁粉屋にも蕎麦やにも、亦此名を冠るものがある。皆黴毒技手の愛顧によって白首党に便利を与えて、自己の醜益を計るからである。今こゝに曖昧屋と名打ちたるは料理店にあらず、待合にあらず、宿屋にあらず、汁粉屋にあらず、蕎麦屋にあらず、白首党に一室を貸与して、席料を徴収している素人家を指すのである。

表には荒物を鬻《ひさ》ぎ、煙草を售《う》り、飴菓子をならべ、麵麭《パン》を置き、主人は工場へ出て、嬶《かか》あは内職するもあれば、賃仕事に二階をかすもある。先づ其様《そんな》ものと特約を結び、一回の席料三十銭から五十銭までとし、一客を擒《とりこ》にすると、乍《たちま》ちかかる家の二階へ咬えこむのであるが、先裏口にまわりて『叔母さん』と声かけるが、差支えなきやと尋ぬる合図で『お揚《あが》りなさい』と言ば、客と共に二階へあがり、若しまた『どなた』とか『はあ』とか云う挨拶のあるときは、先客あるものとして、他の方面に向いて、同一手段で二階の開塞を試すのだそうな。左様《さう》して斯様《このよう》なところには、茶一杯あるでなく、これを求むれば、外《ほか》にお茶代と称するもの、廿銭以上を要求するのだそうだ。

ああ怪窟《かいくつ》なるかな、怪窟なるかな、是等は僅少時間の客にして、若し夜陰人静かなるときに『御苦労さま』の声かかる家にきくは、蒲団の損料屋が来たるのだ。そんな朝に限って、一つ裏口の路次から見馴れぬ男がこそこそ立去るに、朝早く起きる家の人々が噂している。七時八時ごろには人三化七《にんさんばけしち》の妖怪がじれったそうな鬢《びん》の

曖《あい》昧《まい》屋《や》

ほつれ毛を、護謨鼈甲《ごむべっこう》の鬢櫛でかきあげながら帰るを認められるものである。

こんな素人家の曖昧屋の収入は一日に平均したら一席半ぐらいの割合で、店の商法は売れなくも、十円以上二十円の月収入あるから、小汚い店で、荒物でも煙草でも、近所のものすら其店は通り越して用を足しているに拘わらず、立派に店を張っている小商人よりは、気楽に生活していくようである。

とあるように、飲食店・銘酒店の隠し淫売はさることながら、小商《こあきない》の家で、二階を密会の場所に貸すのを曖昧屋というのである。席料は三十銭から五十銭ぐらいであった。素人の家でもこれを行ない、何の職業で生活しているのか外見だけではわからないので曖昧屋といったもので、いわゆるもぐりの連込《つれこみ》宿であった。

八三　銘酒店《めいしゅてん》の女

前記の『文芸倶楽部』東京の紹介記事の中に銘酒店の記事があり、これも明治三十年（一八九七）頃から大正初期の風俗営業の一種であった。

狭ければ一坪（三・三平方メートル）、広ければ二坪の土間、或は板敷を表向《おもてむき》営業の店といい、卓子《テーブル》をすえ、二三脚の椅子を備え、卓上四五本の瓶をかざり、曰く葡萄酒、曰く麦酒《ビール》、曰く武乱、曰く何、曰く何と張紙《ペーパー》だけは舶来品に相違なきも、所謂焼鳥と称して、鰻の腸を売る。真赤詰替《まっかいつめかえ》ものだが、これを味わふものも咎めねば、売るものも恬《てん》として顧みない。

年税を納めて開業する銘酒屋は酒を売るにあらず、銘酒屋に来たる客酒を求むるにあらず、椅子に腰かけ卓に

銘酒店の女

肘をつき、水呑《コップ》を摑むものは野暮の骨頂、否解屋《わからずや》の頭抜け、脂《ヤニ》のつまった煙管でお通じのないものに嘲けられるのだ。

棚にならべる飾瓶は、総て番茶の煎じ汁でなくば腐敗水《くさりみず》、それも重宝なことには、月に五六銭を投ずれば、いろ〳〵の空瓶百本は損料で貸すものだから、銘酒屋の飾瓶はみな損料ものと合点したら間違ひなく、棚にある銘酒を、あれの、これのと、贅沢の注文は通人《つうじん》ならぬ証拠、ぽちの名の下に擯斥《ひんせき》され、巧言怜色《こうげんれいしょく》とも云つべき魔力に罩《こ》め、言《い》うに忍びず、見るに堪へざる態度をもつて、男一匹を翻弄して、情欲を挑発せしむるのである。

若し左様でなければ冷々淡々、銘酒屋の本業たる娼法の受附所である店頭から浪の花（千客万来、清めの盛り塩に用いる塩のこと）を浴せて『鼬《いたち》いたち今度来たなら縊て殺して皮はいで、可愛い男の見せしめだ……』などと呪文を唱へる。それが何《ど》ういふ意味であるやら解らない。

楊弓店もとより風俗壊乱を専らとしているが、それよりも猶一層激甚《はげ》しきは銘酒やで、明治三年（一八七〇）横浜に始まつて専ら獣行を以て盛った末社が流れこみ、明治十年（一八七七）の西南戦争後尤《もっと》も殷盛を極め一時は楊弓店の如きも顔色なく、続々銘酒屋に稼業替するほどであつたが、それから比較的堅固家も頑固を云つていたら、一人の客を迎ふることが出来ぬので、自然銘酒屋に化せられて了《しま》つたのである。（中略）半時間に一円を投捨て、十分間に五十銭を抛《なげう》ちて得々《とくとく》たる客の愚に驚く次第だ。（中略）雇ひ女を抱えるに銘酒屋へ半年以上雇れ来たるものなら一人前として歓迎され、七三の約束は直に纒りて雇人の届を差出すのである。一年以上の経験に富むものならば、切半《たたきわけ》……

と記され、飲酒所とは名目だけで、この家の二階か近所の曖昧屋に客を連れ込んで密淫売するので、これは現行犯であるから現場を押さえない限り取り締まれなかった。七三とは雇主七割、雇女三割、切半は五割五割である。浅草の十二階下が特に有名であった。

八四　新聞雑誌縦覧所《しょうらんじょ》の女

明治に入って新聞というニュース発表の刊行物が出来たが、一般家庭には普及せずに、新聞を呈示して立ち読みさせる場所が出来た。これは明治三年（一八七〇）に文明開化の先端を行く横浜に出来たのが、始まりとされる。ここには新聞と当時刊行され始めた雑誌を常備し、大衆の供覧に応じたもので無料であるが、店番の女性を置いた。これらの女性は厚化粧していたので、始めは知識人が読みに来ていたのが、いつしか女性を張りに来る男どもの集まる所となり、新聞雑誌を読むより女性を連れ出して、曖昧所《あいまいじょ》に行く交渉の場となってしまった。

ここを利用して密淫売をする方法は忽ち東京にも普及し、盛り場には必ず新聞雑誌縦覧所というものが数軒

新聞雑誌縦覧所《しょうらんじょ》の女

あった。

狭い土間の中央に椅子と卓子が置かれ、壁は掲示板のような板壁で、それに新聞を拡げて貼り留めてあり、下方は棚で雑誌がいくつか挟んである。客は店に入ると新聞を見る振りをしたり、雑誌を卓上で見る振りをして店番の女性と話しかけたりし、真面目に閲覧する者は一人もいなかった。銭を取ったり、盗む者もいないのに、二、三人の店番の女性がいるのは、誠に不思議な現象で、縦覧所という名を藉《か》りた男女の交渉の場であった。

故に、ここに集まる男性も好色者や独身者が多く、中には文字の読めぬ下層の者もいた。

本当に新聞や雑誌に目を通している者があると、女性は鼠鳴き（チュウチュウと呼吸をすって音を立てて、こちらに注目させる合図）をし秋波を送ったりして、夜はあからさまに通行人を誘惑したりした。

こうした密淫売は屢々取り締まられたので店先に女性の姿を現すことが少なくなったが、新聞が各家庭に普及した大正時代頃まで、東京の浅草の奥山には新聞縦覧所が残っていた。

この頃は店番の女性ということでなく、女性もたまたま閲覧に来て、そこで男性と知り合って何処かに遊びに行ったという形式にし、縦覧所とは関係ない逢引の場所に利用されたと見せかける方法であるが、陰では雇主に属していて稼ぎから一定の手数料を納めていた。

昭和になってからは、新聞の販売所が硝子張りの新聞掲示板を呈示するようになり、また家庭にも新聞が普及したので、新聞雑誌縦覧所はなくなった。

八五　射的屋《しゃてきや》の女性

現在では寺社の縁日に沿道に並ぶ露店商の中に天幕張りの射的屋が見られるが、明治から昭和の前期までは盛り場には数軒射的屋が店を張っていた。射的とは粗末な空気銃にコルクの弾を先込めして、一間程ほど（約二メートル前後）の棚にさまざまな景品が列んでいて、それを撃ち落とすともらえる遊戯のことである。

空気銃はブリキの銃身に、簡単な銃床で、線条のバネを槓杆《こうかん》を引いて空気を圧縮し、引鉄《がね》を引くことによって線条が伸びて空気を押し出し、その圧力で銃口のコルクが発射される子供の玩具である。

小皿にコルク弾が五ツから十位入れたものと銃が置いてあり、一回五銭から十銭位である。景品は紙巻煙草の箱や土人形、その他安価の品が積まれたり、紙テープで吊られたりしていた。

コルク弾は当たっても威力が弱いので、なかなか倒れたり落ちたりしない。景品の台はだいたい緋毛氈か赤い布が敷かれ、客との間に店番の女性がいる。

この女性を射落とさんと遊客が通うために、女性の方も厚化粧したり秋波を送ったりするので、客も何回も皿を換えて遊ぶ。江戸時代からこの時代まで流行した楊弓店が空気銃に代わっただけであるが、射的をしながら店番の女性と親しくなり、交渉が成立すると近所の曖昧屋にしけ込んで遊ぶ。したがって店には女性が一人であるが、客と他出した場合に、すぐに次の女性が出て店番する。あるいは老婆が代わって店をやる。射的遊戯にかこつけた売淫交渉場であった。

外出した兵士等は射撃自慢で撃って見せるが景品は当たってもなかなか落ちない。兵士も女性と交渉するのが目的で、粘っているのである。

これも射的が表看板の密淫売であった。コルク弾は唾液で濡らすとコルクが膨張して発射力が強くなるというので、皆舐めるので不潔なものであった。こうした行為は行なわないが、射的屋は現代でも縁日などに見られるところである。

射的屋の女性

八六　碁会所の女性

囲碁は本来上品な遊びで、閑人《ひまじん》や隠居が閑潰《ひまつぶ》しに楽しむものであったが、明治の御維新後に禄を失った武士が、座敷を開放して碁の遊戯場所として提供したことから始まり、庶民にも普及して、一町内にも一カ所か二カ所碁会所が出来て、街の閑人が集った。囲碁仙境とか囲碁集会の看板を軒先に掲げ、座敷には五、六面の碁盤を備え、一人十銭から二十銭のお茶代を徴収した。

経営者は、御隠居級のもので碁を指南することもあったが、殆んどは客同士の対局であるから、一人で行っても相手はいる。ところが一人客のための相手役として女性を置くようになったために、客は女性を誘惑（本当は女性が客を誘惑するのであるが）するために通うようになった。

したがって女性も厚化粧したり、わざと負けてみてやったり、ちらりと脛《はぎ》を見せつけたり、流し目をして客の心を捉えようとする。ひそひそ話しで話がまとまると、近所の曖昧屋や待合に行って売淫した。碁会所は楊弓店や銘酒屋のように商売ではないから、月税や年税を納めたり、警察に届出て鑑札を受ける必要もなかった。大衆に公開した閑人の溜り場であるから、警察の干渉もない。この盲点を利用して、碁の相手をする女性という名目で、客と売春の交渉する場所となった。

売春は現行犯であるから、碁会所は臨検されることもなく、また雇われた女でなく、客同士が勝手に他で性行為を行なったとするから、碁会所は取締まりの対象とならない。

このために、大正時代頃には碁会所は随分増えた。客と寝て稼いだ金の幾割かは、当然碁会所経営者に差出される。碁盤賃貸とお茶代を含めた収入よりずっと良いので、中には碁盤が一、二面で、土で作った碁石が少々入った碁笥《ごけ》を置いた形ばかりの碁会所も出来た。

銘酒屋や楊弓店は、風俗営業として取締まりが厳格で、摘発されて罰金三回に及ぶと営業停止処分を受けるが、碁会所はそこにいる女性は碁会所の女性ではないという逃げ口があった。

本気で碁を打ちに来る客は朴念仁《ぼくねんじん》で、長時間粘られては反って迷惑であった。

碁会所の女性

八七　売春も行なうカフェー

カフェーとは本来、エチオピアのカファ（Kaffa）地方で産出したコーヒー豆を粉にして、湯で浴かした飲料であり、フランス語でカフェ（Café）と呼ばれ、欧米に喫茶用として普及した。

日本でも飲まれるようになったのは、明治二十一年（一八八八）東京市上野の「可否茶館《カフェ》」が始めで、高級飲用の茶代りであったが、追々普及し、文化人が嗜んだが為に大正時代には街でも飲ませる店が出来た。これを客のテーブルに運ぶ女給仕が、後に女給といわれた。

やがて、コーヒー店は享楽的飲食店となり、菓子類から酒（主に洋酒）をも売るようになり、女給はいつしか厚化粧して、客の話相手に応じるようになり、コーヒーはあまり出さず酒を出すのが主となった。

当時の女給は廂髪《ひさし》に簪《かんざし》をつけ、和装の上に胸から裾までの長い白エプロンをつけていた。大正時代には、電話交換手・乗合自動車（今日のバス）の車掌と共に、女性の唯一の職業であったが、酒興にまぎれて客が口説くようになったので、いつしか客の要求を入れて稼ぐようになった。そこで女給といえば、賎業婦と思われるようになった。

コーヒーを飲ませるために店は別に出来て、これを喫茶店といった。喫茶の語は古く、日本に茶が入った頃は貴重視されて薬用であり、茶の粉を固めたものを削って湯に入れて飲んだり、噛ったりした。喫《きつ》は噛る意であるが、茶を湯に入れて飲用したので、喫は飲む意に変わり、喫茶・喫煙（煙草を吸う）と現在でも言っているが、本来は不自然な用語である。

大正時代以降、カフェーでコーヒーを注文するのは田舎者か野暮天《やぼてん》で、カフェーは飲酒の所として定着した。女

売春も行なうカフェー

給はたいてい貧しい家庭の婦女子が勤める夜遅くまでの仕事であるから、客からチップや店規以外の収入を得ようと身体を張ることもあったので、銘酒屋の酌婦と同じ状態になってしまった。

東京では盛り場や場末に、狭い土間かタタキの店にテーブル（当時は、よほど高級なカフェー以外は、テーブルは粗末なものであった）が二、三置かれ、女給が少なくとも二、三人、閑な時は客に群るので女給の方が多かったり、また路傍に出て通行人を誘うことは、私娼窟と同じであった。

昭和の始め頃は蓄音器で音楽を流し、和服に白エプロン姿は見られなくなり洋装となった。つまり酒場（バー）と混同され、店によっては客に性的誘いをかけ、客がその気になると、二階の小部屋に連れ込んで売春代を稼いだりしたから、女給というと風儀の悪い女性と思われるようになった。

八八　撞球場《ビリヤード》の女性

ビリヤードは、江戸時代には長崎の和蘭陀《オランダ》人等が行った遊戯であるが、明治の文明開化の頃は横浜の外人相手に撞球場が出来、新しいものを好む日本人の間でも行われるようになった。大正デモクラシーの時代は、インテリの室内遊戯として流行し、一つの町に一軒ぐらいはあるほど撞球場は普及し、盛り場には数軒が競い合って客取り合戦となったことは、今日のパチンコ営業の如くであった。

撞球場は、小さくとも六坪（一八平方メートル）で二台位で、比較的面積を要し、また球台は高値であったから、余裕のある者か特にビリヤードに熱中している者でないと設備が出来ないし、一見上品な職業でもあり、客も下層階級は殆ど来なかった。

　したがって有産階級か学生が多かったので、競技の点を数えるのに若い女性を雇っていた。中には、この女性目当てに通う者も少なくなかった。

　女性も紳士諸君を相手とするために、しだいに化粧して着飾るようになり、親しくなると時には男性の誘惑に応じるようになって、そうした店は繁昌した。

　こうした傾向から撞球場はこぞって美人の若い女を雇うようになり、盛り場などの撞球場の女性は男性の要求にも応じるものとの認識がなされ、撞球遊戯よりもそうした要求目的で通う客が多くなり、男性を手玉にとる女性も出てきた。

　こうした女性は近くの待合に行くが、盛り場あたりの撞球場の女性の中には、不良やヤクザの情人《ひも》が付いていて、時には美人局《つつもたせ》として情人に強喝《きょうかつ》され、大金を捲き上げられることもあった。

　売春行為のある撞球場には、経営者が女性から収入をピンハネするのが常で、中には銘酒屋・カフェーから転業した女性もいたので、そうした女性は客応待が上手で、どちらが専業かわからない者もあった。

撞球場の女性

八九　東京玉の井の私娼窟《ししょうくつ》

『東京近郊名所図』に「旧寺島村の小名に玉の井という所あり」と記され、明治の頃迄は田園地帯で隅田川の東、白髭橋《しらひげ》を渡った所で、寺島町を構成していた一郭が玉の井である。

昔は富裕な商人の別荘と農家の入り混った所であったが、東京の市街の膨張と共に新開地として小商人と細民が進出し街を形成したが、湿地帯であった。

ここは浅草から東武線が開通した沿線となったので、更に人口稠密《ちゅうみつ》になり、寺島町の一郭玉の井という字名一帯に、私娼窟が集まっていた。

表通りは普通の商店が並んでいたが、裏は貸家の棟が続き、さらにその奥に出来た貸屋群は、それまで東京の何処にでも見られるような仕舞屋《しもたや》風であったが、これが通行人を呼び入れて売春する隠れた一郭となった。路地は曲りくねったり行きづまりになっていて、数回来ないとわかりにくい所であった。故に一名迷路《ラビラント》ともいい、しだいに有名になって来ると、各路地の入口に「抜けられます」という看板が立つようになった。路地が通り抜け出来るというご親切な意味ではなく、玉の井私娼窟の一画にたどりつけますという意味で、軒先を接した小商人の路地裏を抜け、さらにその裏の長屋の路地を抜けるのであった。

道は狭く、ゴミ箱などがあり、夜は暗くて見当が付きかねるほどであったが、所々裸電球の街灯があり、これらを抜けると忽然と家々の明りの洩れる一郭に出る。非公認の娼家であるから、もとは格子窓に格子戸といった一般的仕舞屋風であったが、社会風紀上あまり厳しくも取締まりできかねることであるから、黙認しているうちに玉の

東京玉の井の私娼窟

井独特の表構えが並ぶようになった。

それは昭和の初め頃からであろうか、江戸時代の局見世形式で、間口は一間半（約三メートル位）で、中央三尺（約一メートル）は壁の目隠しとし、左右の各三尺が出入口であった。そして出入口正面がふさがれないように、扉は奥に向かって斜めにつき、奥正面といっても三尺ほどの奥行で、その正面は下部は下見板、上部は下方硝子窓付の障子で、内からは往来の人を見ることが出来たが、外からは内を見通せないようになっていた。ちょうど昔の城の馬出し式で、これは現代でも連れ込みホテルの入口に、こうした構えを持ったところがある。

表中央の目隠し壁は漆喰で、花模様かハートの形をレリーフし、電灯で浮き上がるようにしてある所もあった。

黄昏頃からこの狭い一郭に電灯が灯り出すと、遊客がぞろぞろと往き来するようになる。すると各間の覗き窓から女が鼠鳴きして通行の男に呼びかけ、男が応じると斜めに仕切って入口の戸を開いて誘い込み、戸のサンを下してしまう。これは巡査が臨検に来て、戸を押して開くようだと罰金だというのは、形式主義的で滑稽であった。

もっと滑稽なのは、私娼を黙認していながら、あらかじめいつ手入れがあるぞと予告して、その日には形式的に数人を売淫現行犯で検挙して警察署に留置することだった。

私娼も捕まるのは当番制で、一晩留置されると、翌朝抱え主が金八十円の罰金を持って迎えに行く。故に私娼は毎月七円ずつ貯金して、罰金分としていたという。玉の井の女は地方を渡り歩いた女も多かったが、貧しいために売られた美貌の女性もいたという。

九〇　地方の私娼窟

江戸時代までの街道筋の宿場には、多かれ少なかれ旅人を泊める宿屋や飲食店があり、飯盛女《めしもりおんな》という雇女が売淫も行ったから、地方の街や城下町も公認非公認にかかわらず、遊廓あるいは売淫設備はあった。江戸時代には、公認の吉原が江戸城より北に当たるので、隠語としてこれを「北国《ほっこく》」略して「北《きた》」といった。喜多川歌麿も吉原遊女五人の大首絵を描いて、『北国五色墨』と名付けたように、北は遊里を意味した。故に地方都市でも遊里の隠語として「北」といい、さらに隠語として「北海道」ともいった。北海道は開拓地、つまり新開地であるために、地方の遊里を「新開地」ともいったことは、なかなか意味が深い。

開は女陰をも意味するから、新しい女陰（新ら鉢《あばち》）の意味ともなり、新鮮な女性達が集まっているという、印象イメージ的には悪くない。淫行の一郭であるが、少なくとも成人男子には必要の場所で、一面には性犯罪防止の防波堤的役目も果たし、犯罪者探索の穴場でもあった。したがって昔から公認以外の場所でも黙認し、形式的に検挙、法的の禁止条目を有した必要悪の場所であった。そこで各市町には、必ずこうした遊所が黙認されていた。

所によって宿場の遊廓的な構えもあり、料理茶屋的構えもあり、大正から昭和にかけては、東京市向島玉の井の構えに似た所もあったが、新興の遊所は仕舞屋風のものもあって、何となく粋な看板や電灯によって、一般家庭と異なる雰囲気があった。

夕刻になると軒先の電灯が灯ると、あたりの空気は俄かに脂粉の香りが漂い、賑やかに嬌声が洩れて通行人が多くなる。裏路地のように細い道路には、玉の井に倣って「抜けられます」の看板があり、往来にまで出て来た化粧

地方の私娼窟

した女性が、通行人を身扮《みなり》で名をつけて呼び、時には持ち物を取り上げて、むりやり屋内に連れ込んでしまうのだった。

表通りから路地をいくつも曲がって、その一郭にいくので、迷路《ラビラント》とも呼ばれ、必要悪として犯罪防止と犯罪発生の両刃の剣でもあった。

九一 東京浅草十二階下の私娼窟

東京市浅草区（現在の台東区）の浅草寺を中心とした浅草公園を明治時代には一区から七区に分け、一区は浅草観音堂を中心とした地区、二区は境内の久米平内兵衛社から雷門まで、三区は浅草観音堂を支配する伝法心院（浅草寺）と附属の寺院。四区は林泉地（昭和の初め頃まで瓢簞池・大池・擂鉢山があった）、五区は観音堂の西側で俗に奥山といった。六区は、四区と現在の国際通りの間で興行街。七区は公園の東南部の通りから仲見世にかけての地区をいい、俗に浅草の繁華街といえば、この一区から七区までをいった。

古い時代に育った人が浅草をさして奥山と略称したり、興行街を六区と呼んだりするのは、明治六年（一八七三）の市制区分の名称によってである。このうち五区に接して千束町《せんぞく》に凌雲閣《りょううんかく》、宮戸座・料理店、牛肉店の米久《よねきゅう》を始め食堂、飲屋等のある区域が、特別の雰囲気の歓楽街となった。

凌雲閣とは木造煉瓦造りの十二階建で、英人バルトンの設計にかかり、東京で一番高い建築として、塔になっていた。中央に螺旋《らせん》状の階段があり十階目に休み茶屋、上は展望台式で、観光客で賑わったので、この十二階の

東京浅草十二階下の私娼窟

近辺は銘酒屋という私娼の巣窟となった。

明治三十年頃（一八九七）すでに七十余軒があり、私娼の数は五、六百人、大正七、八年頃（一九一八～一九）頃には、この職業地域は観音劇場裏から吉原土手にまで拡がり、醜業婦の数はおおよそ三千を超し、吉原公娼三千を凌駕した。やがて公園芸者の質まで低下させたので、司法当局も厳しく取り締まったが一向に衰微せず、吉原方も営業に影響するので私娼撲滅運動に協力して弾圧を加えようとした。

すると当時の社会思想家添田《そえだ》唖蟬坊《あぜんぼう》や小生夢坊等が、逆に公娼撲滅、私娼擁護を唱えて対抗し、十二階下の銘酒屋名目の私娼は、なかなか撲滅できなかった。警察に取り締まられると、翌日には楊弓店、射的屋、飲食店、小料理屋、新聞雑誌縦覧所、絵葉書屋等に看板を書き替え、相変わらず女性を店員形式に見せたり、たまたま店に立ち寄った女性が客と親しくなったという形式で、私娼の存在は消せなかった。

吉原遊廓のように形式ばらない所が、下層の者や若い男にとっての魅力であり、安直な点で繁昌した。こうした私娼のために混在する曖昧屋も頗る多かったので、ここも一種の迷路《ラビラント》となり不良の溜り場でもあった。

大正十二年（一九二三）九月一日の関東大震災で、この一帯も焼失するまで殷賑を極めた。凌雲閣（十二階）は大震災で八階から上が折れ落ち、以下も損傷して危険であるので、工兵大隊が出動して爆破したが、一回目は失敗し、二回目に跡方もなく崩れ去った。

九二　十二階下の待合風の曖昧屋

浅草十二階下の銘酒屋は、狭い二階に客を上げて淫売したが、中には家の奥の階段から上がらず、裏に梯子をかけて、そこを上り下りして二階の部屋で稼ぐのもあった。これは手入れがあるとき梯子を伝って逃げるためである。また銘酒屋の並ぶ中に、仕舞屋《しもたや》風に見える家もあって、これも連れ込みの貸室業であった。

待合は単なる貸席であるにもかかわらず、私娼を抱えているところもあったし、また主人自体が抱えの女性と同じく淫売をするところもあった。大正時代の『暮の素顔』という書に、これらの淫売婦の話が載っているが、これらの女性には前借があったから、稼ぎは抱え主が六分、女性が四分、また通って来る女性は主人と女性とで切半《たたきわけ》という五分と五分、主人が稼いだ分は全額の収入で、客も一時《ちょん》の間と泊り込みとあり、一回三円から五円であった。

『暮の素顔』によると、

アノ十二階下の附近が、ソノ頃（大正時代）の魔窟で、アレから千束町へかけて、じごくの巣でしたことも、定めし御存知の方が多いでしょう。随分怪《け》しからない場所でしたが、女の痩腕《やせうで》で、口すぎをするには、アレ（売淫業）が一番よいみいりでしたから、わたしも夫のないのちは、アノ株（待合の権利）を買って出たんですが、

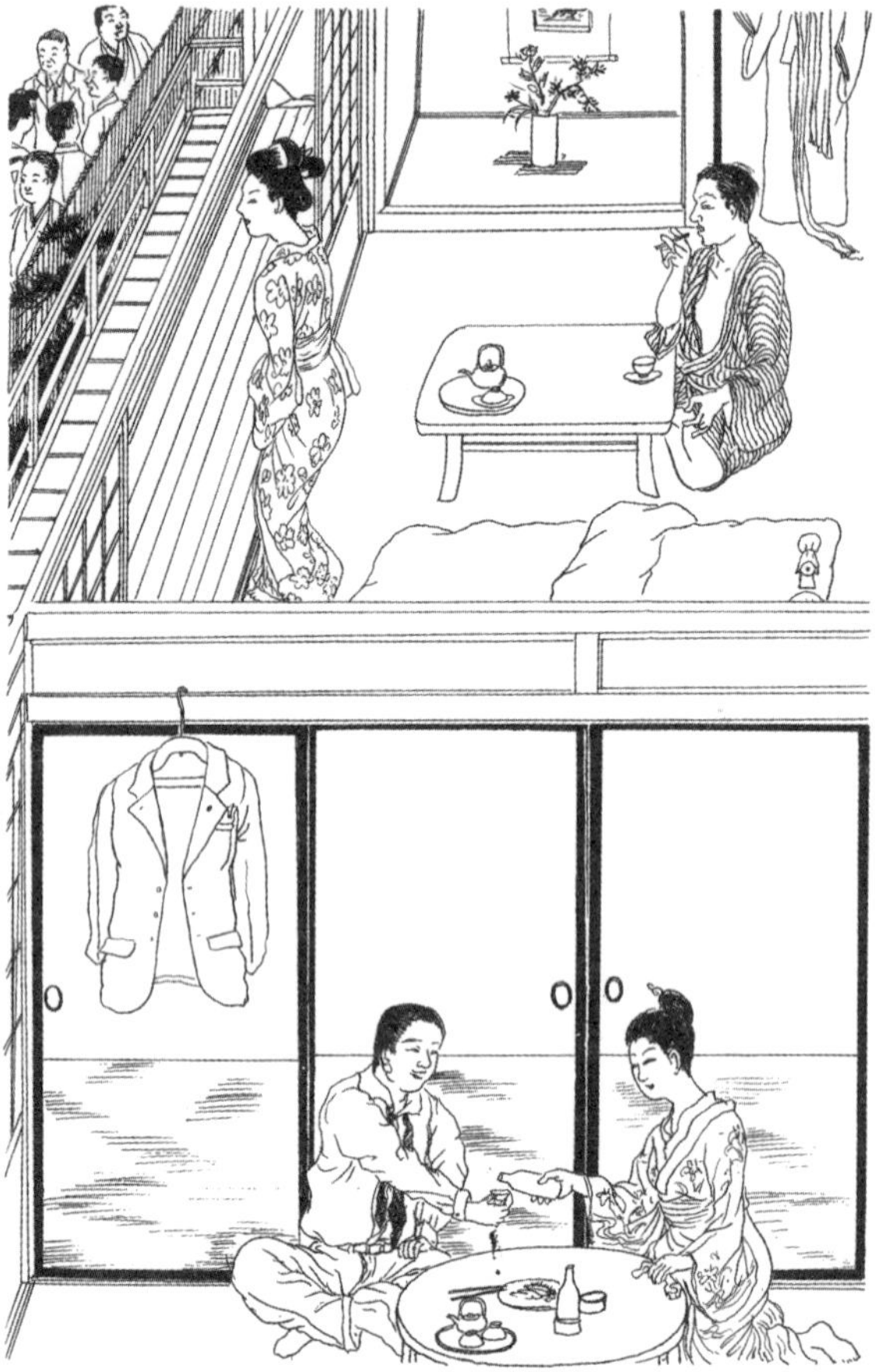

十二階下の待合風の曖昧屋

初めはなんだか恐く（警察の手入れと同業者に対する不気味さ）ってしようがなかったんです。
追々その道にはいるとなれっこになってしまって、男なんて甘いもんだと、お客の機嫌褄《きげんづま》をとって（相手の機嫌をとって調子を合わせること）、平気で営業していましたが、アノ巣にもピンからキリまであって、随分ひどいうちもありました。二階の二畳か三畳に、床（敷団）の敷きっ放し、ソレへ入替り、立替り、男女が寝て行くんですが、わたしの家はソレでも待合風といいましょうか。六畳が並んで四間《ま》、上り端《はな》が三畳で、女がお客をくわえて来ては、六畳一ト間毎《ごと》に、商法をして帰って行きますが、六畳四間《ま》が午前・午後で八間に使えますし、夜を入れると十二間位に融通が利きますから、日によっては随分とかせいでくれました。

とあり、十二階下の街で四間も持っていれば女手一つで立派に食べて行けたし、女主人自身も時にはみずから肉体を提供したりした。

貸席だけなら一組五十銭位のお茶代であったが、抱えや通いの女性に働かせると一人から五円ぐらい稼がせられ、切半または六四にしても、四部屋に客を入れただけでも二円五十銭から三円、一日に一部屋を二回から三回使わせると六、七円の収益となった。当時大学出の初任給が月に三十円前後であるのに、女手一つの貸席業で一五〇円以上であったから、一年に一度位警察の手入れがあって罰金の八十円くらいは何でもない生活振りであった。

九三 ダンサー

明治時代に欧風文化摂取の先端を切ったのは、御維新で成り上がった財閥や華族であった。彼らは明治維新後に四民平等を唱えながら、人に階級差別をつけた。皇族、華族、士族、平民としたが、明治初期には士族の下に下級武士を卒族とし、これは後に士族に含めた。

また平民の下に特殊階級があったのを引き上げて新平民としたが、歴然と差別用語であるために、ほどなく平民に含めた。これらの肩書は戸籍にも記載されたが、昭和の終戦後廃止された。この内華族は西欧の貴族に当り、維新の功労者や旧公卿《くげ》、大名達で、これも公、侯、伯、子、男の爵位があって賞典禄《しょうてんろく》を下賜されて生活していた。

彼らは西欧の上流社会を真似て社交に熱中し、社交ダンスを習い、夫婦同伴で当時の社交場である鹿鳴館に出入して、馴れないステップを踏み、窮屈な洋装に憂き身をやつした。したがってダンスというものは上流の社交技であったが、大正のデモクラシー、特に関東大震災後の復興期に乗じたモダニズムには、庶民のモダーン化が流行し、ダンスも庶民が好むようになった。その結果、東京市内には数十カ所のダンス・ホールが出来、知識階級や若者が恋人を連れて、遊びに行った。

ダンサー

ダンス・ホールといっても、明治時代の鹿鳴館ほどの豪華さはなく、白壁に板張りの床、シャンデリアまがいの電灯に紙製や布の飾りで、現在から見るとわびしい限りであるが、当時のモダンボーイやモダンガールは、和服に草履ばきで組み合ってウットリしていた。それでも音楽はヴァイオリンやアコーディオン等の楽士がいたが、小さいダンス・ホールでは蓄音器であった。

ダンスが若者やプチブルの遊びとして流行すると、一人で遊びに行っても相手してくれる女性がいるように用意されて生まれたのが、ダンサーである。男子のダンサーというのはなく、男子の場合はたいていダンス教師であった。ダンス・ホールは、だいたい一枚十五銭位のチケット十枚綴りで、一回パートナーとなるたびに一枚与えるのであるが、ダンサーを物にしようと下心ある男性は、たいてい一回に二枚以上、気前の良い所を見せるのは十枚ぐらい与えた。

こうした傾向から、ダンサーもしだいにモダーンな洋装になり、厚化粧したりし、ダンス・ホールが午後十一時ハネる（閉店する）と、入口で待ち合わせて客と待合に行ったりして、しだいに売春婦化して行った。

そこで客もその積りになり、ダンサーと踊ると、ことさらに下腹部を押しつけたり、脚を股にからませたり、卑猥な行動に出たりして、欲情をむき出しにするようになった。昭和の日本が大陸進出の気運となり、軍国調が強くなると亡国の遊びとしてダンス・ホールは弾圧され、大東亜戦争前には政府の命令で、東京のダンス・ホールは殆んど閉鎖された。

そして日本敗戦により、外国軍の進駐の施設として、再びダンス・ホールは復活し、国民も解放されて自由にダンスを楽しむようになった。

九四　大森の砂風呂

現代の砂風呂というのは、地熱のある砂に裸体を埋めて、病気治療や健康促進のために行なうのであったが、大正時代から昭和の初期にかけて、東京市大森（東京都大田区大森）の海岸埋立地の鈴が森、浜川などに、大森の砂風呂という待合が数軒あり、一時遊客で繁昌した。

当時、大森は東京市外であり、鉄道省（現在のＪＲ）の大森駅から京浜電車が海岸線を通り、その南側に都新地《みやこしんち》といって、料理屋と芸妓置屋を兼ねた二業地があった。この北側が、料理屋、芸妓置屋、待合を兼ねた三業地であったから、夕刻ともなれば紅灯輝き、いわゆる柳暗《りゅうあん》花明《かめい》の遊興街で、遊客がぞめき、歌舞音曲に混って嬌声が聞え、男情の春情をそそるものがあった。

この街中に誕生したのが、砂風呂である。待合貸座敷の発明で、構えは瀟洒な待合であるが、客の入る客室は座

大森の砂風呂

敷の中央を二帖から三帖、床を刳り抜いて那智黒の細かい油石を一面に敷き詰め、その上に寝具の蒲団を敷いたもので、ここに芸者や、恋人を連れ込んだ一組が寝る。

床下には鉄管が通っていて、別の所で風呂を沸かし、その温湯や温風が砂利の下に送られ、蒲団も室内も温まる。現代のスチーム暖房のごく原始的のものであったが、贅沢な逢引の貸座敷で、これを「砂風呂」と呼び、この装置のある待合は屋根に「すな風呂」の看板をかけて、遠くからでもわかるようになっていた。

近代の逆さくらげや、連込みホテルのネオン・サインが輝いて遠くからわかるのと同じである。

大森の砂風呂は有名になって同業者が増えたが、中には鉄パイプに温風を通す設備の出来ないところは、火鉢に練炭や炭団《たどん》を入れて床下に置いて砂利を暖めるという粗末な家もあった。真冬でも連込宿の部屋が暖かいのは、巫《ふ》山《ざん》の夢を結ぶには最高であった。今日ではスチームすら用いず、各家庭でも電気冷暖房が普及しているから、こんな装置をしても客は利用しない。

こうした温暖の部屋で料理を注文し、芸妓を招《よ》んで、枕を共にするのは、他の街で芸者遊びするより贅沢であり、雰囲気を楽しむ者は俥《くるま》（人力車）で乗り付けた。

九五　品川の遊廓

江戸時代には四宿《ししゅく》といって、江戸から諸国に下る街道が四ツあった。東海道への出口が品川、甲州街道への出口が新宿、中仙道への出口が板橋、奥州街道への出口が千住といって、江戸朱引内《しゅびきない》（江戸府内）の外にある宿場で、江戸の出入口の宿場であるから、立場《たてば》茶屋や宿場女郎の存在が黙認されて繁昌した。

これは始めは飯盛女という名目で女性を働かせる事を許したが、いつしか吉原遊廓にならって、総二階や廻り廊下の豪華な建築の遊女屋形式に変わって行き、江戸府内の遊冶郎《ゆうやろう》も、江戸に出入りする旅人も、こうした所に泊まるようになった。

その傾向が明治の御維新後も続き、大正時代頃は完全なる遊廓と化して、吉原に次ぐ不夜城として人々の春情をそそった。やがて関東大震災で倒壊したり焼けたりしたが、こうした所の復興は早く、大正十五年頃（一九二六）には、いずこも立派な建築で旧態に復した。

特に品川遊廓あたりは、植込みの前庭つきの大玄関に、脇は格子をはめた張見世となったが、女性を列んで座らせて客待ちして顔を曝《さら》させるのは、女性侮蔑《ぶべつ》として矯声会《きょうせいかい》の婦人団体が騒ぎ立てたので、遊女本人の代わりに肖像の写真を玄関土間の壁に列べて、指名に応ずるようになった。

品川の遊廓

これは吉原も同様で、これを行なわないのは私娼窟のみであった。夕刻ともなると遊心を誘う如く、入口の街灯や外から木隠れに見える建物内の明りが付き、生け垣外には妓夫太郎《ぎうたろう》が縞《しま》の着物に半纏《はんてん》、白足袋に草履ばきという姿で、遊客や通行人の袖を引いて誘った。通行人には遊ぶ金も持たずに素見《ひやかし》だけの者もいたが、妓夫太郎の口車に乗って玄関に来ると、「遣手《やりて》婆《ばばあ》」（遊女が年経《と》って行き所のない者が若い遊女の監督と指導役をするのを「やりて」といい、花車、香車とも書く。たいてい遊女に対しては意地悪であった。）が引取って登楼《あげ》させ、遊女を紹介したり、遊興代の交渉をしたりした。

遊廓では遊び相手の遊女を「相方《あいかた》」といい、客が承知するとここで花代《はなだい》を払った。花代（登楼して遊ぶ金）は大正頃で二円、昭和で三円位であるが、泊まりと一寸した料理の出る「本部屋《ほんべや》」は五円位。勿論遣手其他にチップとして花代を与えることもあった。

このほかに、短時間遊女と遊ぶ「チョンの間《ま》」（一回の交渉、現在でいうショート・タイム）もあり、これは一円五十銭から二円ぐらいであった。

これは、一人の遊女が二人、三人と同時に客を取り、順に部屋を廻って需めに応じるので、これを「回しを取る」といって、江戸時代から下級遊女の行なうことであった。

江戸時代には、嫌な客であると夜っぴで待たせて、なかなか順番に廻って来ないこともあり、それでも花代は返却しない習慣であったが、宿場の遊廓ではそうした事はなく、たとえ短時間でも客の需《もと》めに応じた。

九六　兵士の慰安所

明治の建軍以来、大日本帝国の軍隊は海軍と陸軍とがあり、昭和初頭から航空部隊が加わった。軍隊は平和な時は、日曜と祝祭日を除いては学科・術科の訓練があり、また軍事演習を行い、軍事知識を教え込まれていた。朝は六時起床で、夜の就寝は九時の消灯によって行なわれた。

日曜・祭日は、当番勤務者以外は、一日中休養がとれた。

海軍は海上訓練が終わって上陸すると、基地の街に下宿することが許された。陸軍は将校のみ特別に営外居住で通勤が認められたが、下士官以下は営内生活であるから、休養日の外出は朝八時から夕食時の五時までで、下士官は夜九時までであった。

二等兵（古くは二等卒といい、初年兵で、半年で一等兵になるといわゆる新兵）で月給は約三円ほど。食事を始め被服から一切の生活は政府持ちであったから、月給はまるまる個人の消耗品購入等の費用に当てられた。それでも一等兵、上等兵、兵長、伍長、軍曹、曹長、特務曹長、准士官（後に准尉といった）と進級するにつれ収入も増え、

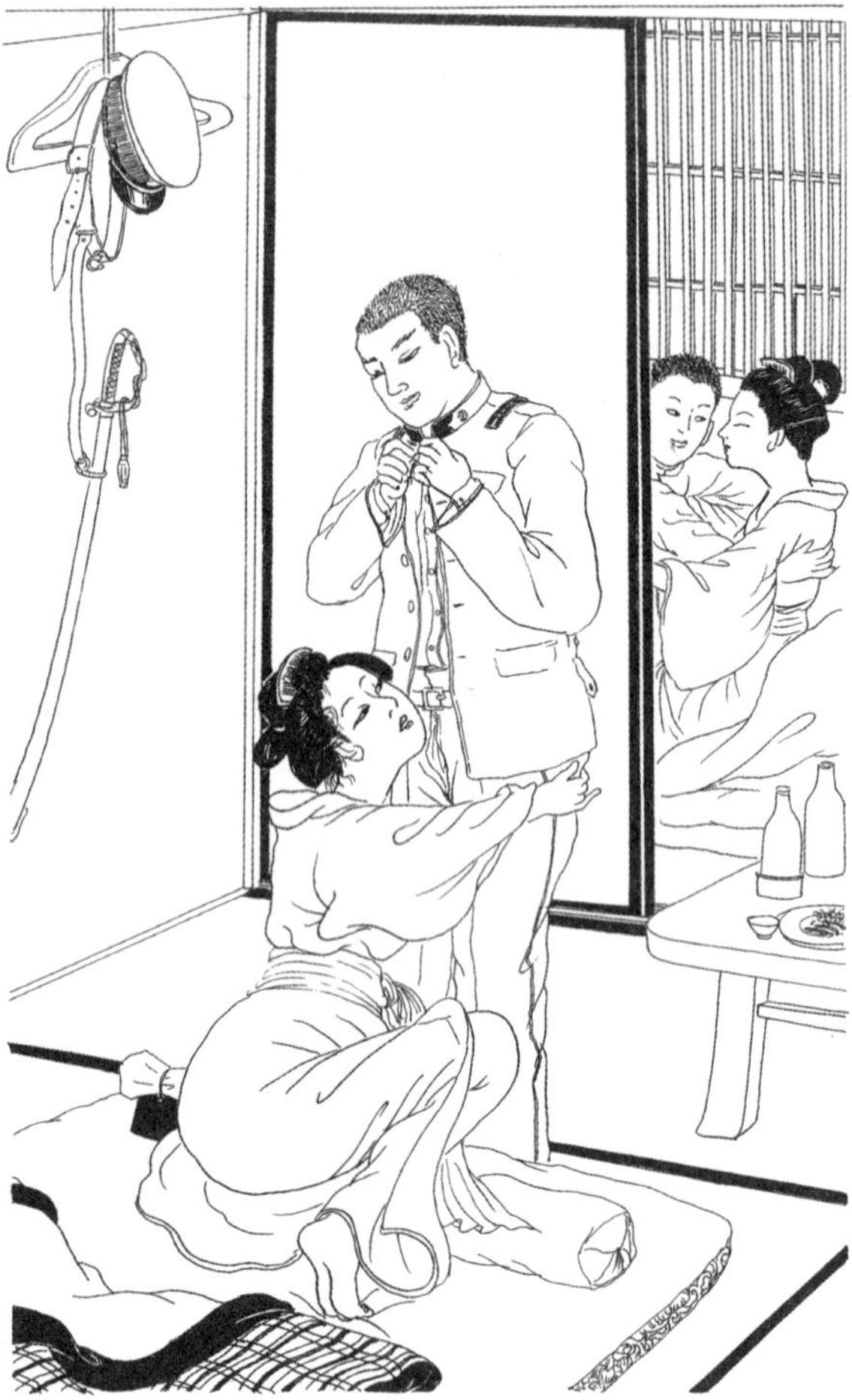

兵士の慰安所

准士官級は営内で居住せずに、サラリーマン位の俸給をもらった。

下士官および兵卒は、四六時中集団生活で規則に縛られ、身体を働かしているから、休日が唯一の楽しみで、殆ど外出して社会の自由な空気を味わおうとした。そこで行く所は、たいてい飲食店、公園、映画館、歓楽街であったが、男性生活ばかりで女体に飢えていたから、当然ながら遊廓・私娼窟に行く者もあった。

当時、公認の吉原で五円から十円ぐらいしたから、乏しい給料の兵士では、こうした所には出入りできず、たいてい、浅草、新宿、渋谷、千住、板橋、品川等の安い遊女屋か私娼窟で、大正時代は浅草十二階下の魔窟に集まった。兵士の外出は夕食時までとされていたが、事故があって遅れることを恐れて、午後の四時から五時頃には帰営し、遅れると罰として仮牢の営倉《えいそう》に入れられた。

下士官は門限が九時であるから、少なくとも八時半頃には帰営したが、女性の応対に未練を残してなかなか戻りにくい。大正初期の流行歌『トコトット節』に、今鳴る時計は八時半、これに遅れりゃ重営倉、今度の日曜が無いじゃなし、離せ軍刀に錆が付く、トコトット。というのがあった。

軍刀をさげるくらいの兵士は、軍曹、曹長級《クラス》の古参で、夜の九時が門限。昔の時計は捻《ねじ》巻きのボンボン時計といって、一時間毎に時間の数だけ音がし、三十分毎にも一つ鳴った。この音によって時間がわかるのであるが、下士官あたりは私娼と夜を過し、情に溺れて八時半頃まで遊ぶ。帰営の時刻が迫ったことに気が付き、慌てて軍服に着換え、腰に軍刀を吊ろうとすると、女性がすがり付いて引き留めようとするのを振り払うという情景を、軍人の悲哀さを籠めて唄った歌である。

兵士は門限が夕食時までであるから、私娼窟に遊んでもチョンの間が多く、兵隊らしく女体に突撃して、一発発射して終わる。花柳病予防に用いるルーデンサックに『突撃一番』というのがあった。兵士にとって、女性はまさに突撃に値する天女であった。

九七　従軍慰安婦（ピーヤ）

戦争に駆り立てられる軍人は、平常社会に見られない特殊な異常心理に追い込まれ、ある程度の道徳《モラル》を失う。生と死の狭間にさ迷い、かなりの知識人も自暴自棄から来る逸脱した行動に出ることがある。その一端が略奪、暴行、強姦等で、中国大陸に進出した軍隊にはそれが顕著にあらわれ、後の治安維持、和平交渉に大きな障害となった。そこで軍部で考え出されたのが、世界的に悪名の高い慰安婦派遣である。これは兵士の追い詰められた精神を解

従軍慰安婦（ピーヤ）

放し、他国人の婦女子に被害を与えるのを防ぐ方法であったが、戦線が拡大し兵員が膨大になると、内地から派遣する慰安婦だけでは間に合わなくなり、朝鮮（現代の大韓民国と朝鮮民主主義共和国）の婦女子をも徴用して、これに当てた。これは戦後五十年になっても、未だ国際問題となっている。またフィリピンを始めとする南方の女性も駆り出され、それらの怨みは深い。

昭和二十年（一九四五）の敗戦時に、アメリカ軍が進駐して来ると日本の婦女子が犯されるというので、政府は接待婦を募集したから、未だ戦争と性について深刻に考えていたのである。五十年以前までは、軍が動員されると慰安婦の団体は専門の男に引率されて軍に追従し、軍隊が駐屯すると小人数に分けられ、官費で宿舎が建てられた。これをピーヤといった。

ピーは中国語による女性のそれで、ピーカンカンといえば、それを見せることで、交接を意味する日本的中国語であった。ちなみに、パンパン・ガールというが、パンパンは抱々《パオパオ》で抱き合う、つまり情事のことで、売淫婦の隠語でもあったともいう。

戦地に駐屯する連隊・大隊には、必ず慰安婦が配属され、一人で一日数十人の兵士を慰めなければならなかった。出動・勤務のない時の軍人は一週間に一回の休養をとれるが、戦地においては警備上一週間を七区分して順に休養するから、慰安婦たちは性に飢えた兵士を毎日休養なしに相手とした。

これらの記録によると、食事する隙もなく兵士を相手するために、慰安婦の経営者（軍属待遇）が握り飯を枕元に配って歩いたという。兵士は一等兵は月額に五円の給与であるが、海外手当・戦時手当が加算されて約二十円ぐらい。慰安婦が一回三円から五円、日本人以外の慰安婦は、もっと廉《やす》かった。日本人の場合は売淫経験者が主であったが、貧しくて前借の二、三百円ある女性が主で、兵士相手の繁忙さから前借は二、三カ月で返済し、古参は二、三千円ぐらいの金を蓄める者もいた。

休日に当たった兵士は、衛生兵から花柳病に対する注意を受け、一人に一個ずつのルーデンサックをもらい慰安所に駆けつけるのであるが、長蛇の列を作り、江戸時代の局見世のように一部屋ずつに入る。軍靴、軍服を脱ぐ隙もなく、性の哀しさを露呈し、数分で終わってしまう。少しでも時間が長いと、次の順番の者が廊下で扉を蹴ってわめく浅ましい光景であったという。

九八　売春防止法以前の玉の井の私娼窟

大東亜戦争の昭和十九年(一九四四)頃からは、アメリカ軍の空襲によって都市や軍事施設はあらかた空爆され、都市は焼夷弾によって大方焼野原となり、昭和二十年の終戦を迎えた。国民は食糧不足、収入のない生活に苦しんだが、戦争の停止によって敗戦の苦痛よりも解放のために意欲が出て、焼跡には仮屋が次々と建てられ、また闇市に物資が流れ込んだ。

こうした中で、下町から江東区一帯まで見渡す限りの焼野原にも、仮屋が次々と建てられ活況を呈したので、昭和二十二年頃には吉原も玉の井も復活した。

玉の井私娼窟は七十軒あまり、翌年は二百軒以上になった。法律の改正によって性の解放もあり、進駐軍相手の売春婦も増加するので、玉の井の私娼窟も当時の人々にとっては必要だったのである。

但し、旧態の玉の井の目隠し式店構えは、中が見通せぬ構えが禁じられたので、硝子窓が多くなり、店内がよく

売春防止法以前の玉の井の私娼窟

見えるようになった。言い換えれば、江戸時代の吉原の大籬《おおまがき》、半籬と同じであった。遊女が並んで見世を張ったように店内は椅子と卓子《テーブル》があり、そこに化粧した女性がたむろしていて通行人に呼びかけたもので、交渉にはもちろん奥の割部屋が当てられた。

こうした所には、土地のヤクザが自警団的にうろつくが、これは江戸時代の局見世の金棒曳きの若い衆と同じであった。

洗滌《せんじょう》場は未だトイレットであるが、いちおう洗滌道具や消毒薬が置かれ、戦前とは異なった。

店構えも安っぽい洋式で、中にはいろいろのモザイク・タイルで壁や柱を飾り、色硝子をはめたものもあって、畳敷きよりも木の枠のベッドを置いたりし、昭和初期までの玉の井独得の雰囲気は、全く失なわれてしまっていた。

昭和三十二年（一九五七）に売春防止法が布かれて、公然たる売春は出来なくなったが、たいていは温泉（ソープランド）の名目で、ソープ嬢なる女性が客の身体を洗うという曖昧な名目で、売春行為は続けられた。

第五部

現代編

九九　終戦直後の猟奇的売春

終戦後、性の解放と共に性的記事の雑誌や写真が氾濫した。当時はカストリ雑誌といって紙材不足のため、漉《す》き返しの粗雑な紙に性的記事や絵が争って出廻った。

そして性的刺激がしだいに強くなり、戦前では変態行為といわれたような告白表現記事や創作が出廻り、終戦後の混乱の中に新しい感覚として歓迎され、それらは見馴れるに従って、性に対する新感覚として普及した。

こうした傾向の中で、大阪方面で発行された「奇譚《きたん》クラブ」や「猟奇《りょうき》」、それに類するカストリ雑誌が変態的内容でよく売れた。

これらの雑誌は、過去に秘められた性的物語から、フィクションもの、一部の暴露もの、告白ものから、医師による性的発表等が、写真やイラストで埋め尽くされていた。

その中でも特異の存在は、戦前に女性縛り絵画家として異端視された伊藤晴雨《せいう》の絵が歓迎され、第二、第三の縛り絵イラストレーターが輩出し、またこの方面の作家も出現した。

こうした特異の方面による性的感覚の新分野は精神分析学の展開もあって、異常とは思わぬようになり、密淫売にも新商法として現れた。焼跡に密集したバラック街で、一時は売春婦の情人《ヒモ》か夫かわからぬが、女性を縛っておいて、往来で客引きをした。

「旦那、だんな。良い妓がいますが、まだバージンで、縛ってありますから自由にして下さい」と交渉する。身動き出来ない女性を自由にするという猟奇心から客は釣られるが、これは密淫売の客を誘う術であった。

いくら性的昂進の方法としても、女性を縛るということは、なかなか可能でなかったのであるから、そうした欲望を秘めた男性はたいていい引っかかった。

終戦直後の猟奇的売春

然し、こうした猟奇的雑誌の普及によって、やがてS・M（Sはサドの略で加虐の隠語、Mはマゾの隠語で被虐の隠語とされるがサスペンス・マガジンの略との説もある）プレイという大人の遊びが普及するようになった。

そして、こうした猟奇的売淫婦は影をひそめ、夫婦間あるいは恋人同士の間で、連込みホテルや家庭で、SMプレイが行なわれるようになっていった。

一〇　パンパン・ガール（パン助）

パンパンとは、中国語で吉普女郎《チィプウニョイラン》（jipù nülang）または伴々《パンパン》（bán bán）女郎《ニュイラン》、売淫婦《マンインフウ》（maìyifū）とか娼妓《チャンチィ》（chāngi）をいい、中国の娼妓《しょうぎ》、遊女のことで、中国大陸に進駐した日本軍兵士がこれらの中国語を聞きかじり訛《なま》って、パンパンといって娼妓淫売婦の意とした。

それをいつしか抱々《パオパオ》の当て字として用いられたりして、パンパンとは淫売婦の称とし、終戦後にアメリカを始めとする外国軍駐屯の兵士相手の淫売婦の名称にも用いられ、「パンパン・ガール」あるいは「パン助」という中国語と英語の折衷語が生まれた。

日本が敗戦によって、かつて外国人の婦女を犯したことがあるので、今度は日本人の婦女が犯されると早とちりして、女性は男装したり髪の毛を短く刈れとかの流言蜚語が飛び交った。また軍隊が慰安婦を募ったのに倣《なら》って、良家の婦女の犯されるのを守るために外国人向けの接待婦という名目のものを募集し、国辱的慌て方を露呈した。接待婦は、やがてメイドという名に変わったが、一部を除いて日本人の婦人が凌辱された例は、比較的少なかった。

それは食糧難による生活苦を逃れるために、かなりの女性が自ら進んで進駐軍相手の密淫売をしたからである。外国軍の進駐した基地周辺や、都市の盛り場には春を鬻ぐ女性が群れて、往来でよく交渉をする姿が見掛けられた。彼女らは、代金として物資や食物をもらうのが目的で、煙草やチョコレートなどは、さらにこれを陰の商人に売り、これが闇市に売り出された。

そして進駐軍相手の日本人商人達は、もらったチップなどを貯めて、これをパンパン・ガールに渡すとパンパン・

ガールは相手した外人に頼んでPX（軍人軍属関係の物資を廉価で売る施設）からいろいろの物資を買ってもらい、これを闇商人に売ったりしたので、パンパン・ガールは物資の密ルートとして重要な存在であった。

東京銀座四丁目角の服部時計店ビル（現在の和光）や松屋百貨店ビルは、アメリカ軍のメインPXであったので、銀座通りには昼間から進駐軍同伴のパンパン・ガールが得意然と手を繋いで歩き、夜ともなれば焼ビルの路地あたりで売春の交渉をする姿がしばしば見受けられた。

戦争中には、女性の髪のパーマネント・ウエーブは敵国風俗として厳しく制限されていたが、進駐軍に接するパンパン・ガールは、ライオンの鬣《たてがみ》か鳥の巣のように髪を縮《ちじ》らかし、唇を毒々しく塗り、洋装、ハイ・ヒール姿で時代の先端を切った。

彼女らが進駐軍と接することにより、片言《かたこと》の英語が普及した。日本では昔から房事《ぼうじ》の折りに極地に達する表現を「気がいく」といい、略して「いく」といったので、「パンパン・ガール」が、これを英語で表現するため「ゴウ・ゴウ」（行く行く）とわめいたという笑話も残っている。ちなみにいまの英語では、逆の表現がなされている。

パンパンガール（パン助）

一〇一　花束売りの少女

日本の中心地である東京銀座も、復興が早かったので戦前に劣らぬ人の集散する所となり、焼ビルを改築して建て直し、大型のカフェーであるキャバレーが、いくつか出来た。戦前の女給（女性の給仕の略）という蔑称《べっしょう》からしゃれたホステスという名称に変わったのも、この時期である。

復興しつつあった商社や建築会社も組織が整い、料理店、キャバレーにも日本人が足を運ぶようになったので、銀座は以前の名物であった夜店こそなくなったが、再びネオンサインや夜の灯輝く街となった。そこで、ホステス目当てに通う客も多くなり、これらの女性に下心ある男性は、外国式に花束を贈ったりした。

そこで、ペーヴメントの所々に、花売りの店が出来たり、花束を沢山抱えたり籠に入れたりして売り歩く少女（？）が生まれた。これが花束売りの少女で、「銀座の花売り娘」として流行歌にも唄われた。街を流して歩いたり、時にはキャバレーの中にまで入って、酔客に売り付けた。

これらの女性は、女を買うほどの金がなくて好色そうな男性を見かけると、路地に連れ込んで下腹部を露出して見せた。暗いので燐寸《マッチ》一本擦って、その明りで見せるのであるが、燐寸の軸はすぐ燃え尽きるのでさらにまた擦って明るくして見る。燐寸一本百円ぐらいというが、当時月給が三千円から五、六千円であったから、ちょいの間の拝見料としては随分高かったわけである。

もっとも、当時の安い売淫料が千円以上であったから、他愛のない好色心の慰めで、「マッチ売りの少女」ならぬ飛んだ「花束売りの少女」が出没した。

銀座の暗い路地裏に、煙草を吸うには低い位置に、マッチが赤くポーッと灯《とも》るのは、花束売りの少女の内職のさらに内職であったが、彼女らにはパンティを履いてない者と履いていてずり下げさせるのとあった。敗戦後の生活苦から来る、いたましくも浅間しい現象であった。

花束売りの少女

一〇二　額縁《がくぶち》ショー

終戦前には、乳房や内股を露出する女性の踊りは無かった。宝塚少女歌劇団、松竹少女舞踊歌劇団、日劇ダンシング・チーム等、その他地方の舞踊団でも、胸も露わな上衣でも乳房は決して見せなかったし、脚を高く上げて踊ってもパンティを履いており、この露出度の多寡《たか》にすら官憲の目が光ってうるさかった。

太腿を高く上げたり、スカートを捲（まく）って踊るフレンチ・カンカン等に、若者は興奮する時代であったのである。

カンカンとは、江戸時代の長崎の中国人居留地で行なわれた看々《カンカン》踊りが猥褻で滑稽であったので、江戸にも流行し、幕府はこれを禁止の布令を出した事が、松浦静山の『甲子夜話』に載っている。

看々は中国語で「見せる」とか「見よ」の意で、この踊りが欧州にも伝わり、フランスのパリの踊り子がこれに似た踊りで大衆に歓迎されたので、フランス流のこのエロティックな踊りをフレンチカンカンといった。日本の劇場でもこぞってこの踊りを演じたが、この程度のお色気であって、踊り子が全裸となることはまず無かった。ところが、進駐軍が日本人と交流するにおいて、アメリカの雑誌が出廻り、その中には裸体画・裸体写真がふんだんに掲載されており、性の開放と共に裸体を見ることに、あまり道徳的抵抗を感じなくなった。進駐軍と交流する場としての料亭やキャバレーにおいては、往々裸体に近い踊りが歓迎されたので、大衆もしだいにヌードを好むようになったといえよう。

戦後の東京新宿の某劇場では、裸体の女性を舞台に立たせることを行った。これは永年フランスに居住していた某洋画家のアイデアといわれ、猥褻な裸体を大衆に見せるというのではなく、生きた裸婦を額縁内に収めて、大衆に絵画芸術を理解させようという高尚な名目であったが、何のことはない裸体の女性が額縁を持って現れ、身体各部に額縁を移動し、これを裸婦画に見立てるのであるが、足捌きも、頗る上手で、秘部は見えそうで決して見えない。見せたら罰金ものであったからだ。然し、大衆は見えることがあるかも知れないという期待と、エロチックなポーズの女性美に堪能して大勢詰めかけ、良い歳をした男性までが、カブリ付きに密集した。

始めは裸体といっても、パンティを履いていたが、額縁の中の構図上興味が薄いので全裸《オールヌード》となる。踊りとしては幼稚で変化に乏しいものであったが、戦後の飢えた時期に一つの希望を与えたようなものであった。性表現の露骨になった現在から見ると、当時の性表現はいかに子供だまし的であったかが窺われるが、これも日本性風俗史に残るべき一コマであろう。

額縁ショー

一〇三　ストリップ・ショー

現在でも地方の温泉街に行くと、ストリップ・ショーの劇場や小屋があり、あまり流行しすぎて、中央ではあまり見掛けなくなったのは、アダルト・ビデオが普及したからである。男女の物凄い交歓画面が、醜悪なほど映写されているのが、家庭でも入手できるので、単に挑発的な女体の踊りぐらいでは、大した刺激を受けなくなったからである。

然し、額縁ショーに熱狂した当時の大衆にとっては、たとえパンティを履いていても、全裸として堪能されるポーズや猥褻な動作の踊りは、新鮮であり強い刺激であった。

そこで中央・地方を問わず、興行師が劇場を買占めてストリップ・ショーを競って演技させた。ストリップとは脱ぐ過程をいうのだそうであるが、舞台に薄物をつけて現われ、最初は割れた裾の方から脚線美をチラつかせて踊り、薄物を脱ぎかけては止め、恥ずかしそうな思わせぶりを繰り返して踊る。やがてさっと薄物を脱ぎ捨てると全裸と思いきや、肉色のパンティをつけている。遠方から見ると全裸（これを流行語で全ストといった）に見えるが、この姿でかなり猥褻なポーズを交えた踊りをし、おもむろにパンティをずり下げようとして、観衆の期待をいらだたせる。

この踊りには、優雅な音楽に合わせるが、乳房を押さえてもだえたり、腰を使ったりするので観衆は夢中になって声援を送ったり、中には花束を差し出したりする。カブリ付きには結構な年配のおやじもいたのである。

終盤に近づくと、思いきった仕草でパッとパンティを脱いで舞台に投げ捨て、投げキッスや思わせぶりの悩殺ポーズで舞台の袖に隠れるが、決して女性自身の部分は見せない鮮やかさであった。

現代のように、ヘアーまで露出した女体が競っているような時代ではなく、性が解放されたからといっても、露出は検閲がうるさかったし、パンティから毛がはみ出てもやかましかった時代であった。

ストリップ・ショーには、さまざまな演技があり、これは各劇場で工夫して特色を見せた。これらの人気から、後に外国人でブロンドの女性が出稼ぎに来て、これが日本人にはさらに新鮮に見えたので、日本人でも髪の毛を脱色染髪した外人まがいのストリッパーや、巨乳のストリッパーが歓迎されるようになった。

ストリップショー

一〇四　蛇遣いのストリップ・ショー

蛇遣いの女性は江戸時代からあり、男性のシンボルを想わせる蛇と、蛇体のぬめらかさから来る妖奇性と女性との組み合わせは、怪奇的エロティックな連想を呼んだ。

戦後またたく間に日本全国の都市に流行したストリップ・ショーも、いずこも同じ内容で飽きかけて来た時に、新手として現れたのが蛇遣いストリップ・ショーである。

これは在来のストリップ踊りに加えて、裸体に蛇を這わせたり、蛇に口付けしたり、蛇性の淫を連想させる演技であった。

蛇はだいたい青大将で、牙を抜いたりしてあって噛み付かぬように訓練してあるが、裸体の美女（大した美人ではないが、化粧して付けまつげし、唇を赤く塗ると美人に見える）とそれに絡み付く蛇という取り合わせは、あらぬ妄想を起こさせるほどエロティックであった。

これはストリッパーすべてが出来ることではなく、蛇を恐れぬように特殊に訓練された女性であろうから、まさに一人舞台であった。

かなり人気があって、いつ蛇が女性の部分に侵入するかと、固唾を呑んで大衆は期待するが、それらしいポーズはとっても、甚だ巧妙な動作で実行はせずに、思わせ振りだけで演技は終わる。

最初の踊子は後に病気になって死亡したが、医師が診たところ、膣に蛇の鱗が五、六枚付いていたと、当時の二流週刊誌が報じたが、これは嘘である。

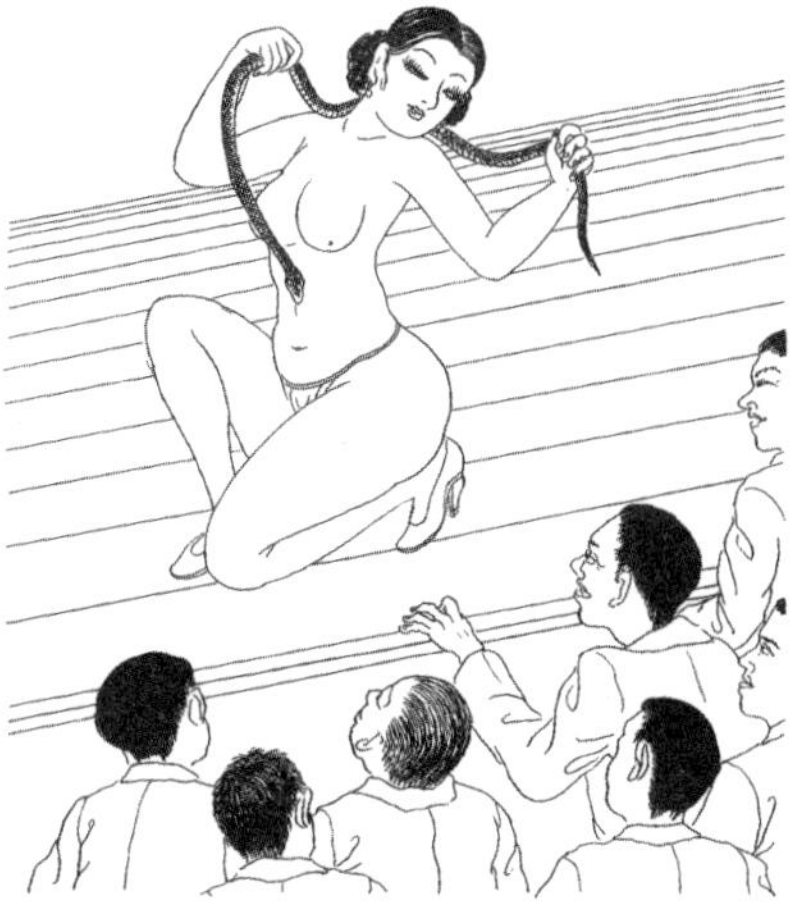

蛇遣いストリップショー

蛇の鱗は、魚の鱗のように表皮に鱗が付いているのでなく、表皮が順に畳まれて鱗状となって身体全体を包んでいるのであるから、鱗全体が表皮で、これによって脱皮するのである。

蛇の鱗が落ちるとしたら、そこの表皮が破れて剝離したもので、そこは傷口となる。だから蛇を膣に愛用して、蛇の鱗が剝離して付着していたというのは、週刊誌記者が医師の名藉りての創作である。

この蛇遣いストリップ・ショーは誰でも出来るわけでもなく、また猟奇的すぎるのであまり流行しなかった。

一〇五　お座敷ストリップ

終戦後に最も早く復興したのは飲食店で、その中でも社会や進駐軍と関係ある商社等で、彼らは料亭や高級キャバレーを利用して得意先の人々を招待し豪遊したので、質素ながらも芸者・ホステスも接待に呼ばれて、出入りした。

進駐軍でも、日本人を監督下に置く軍人・軍属は、よくこうした料亭に招待されたが、日本人たちの感覚が彼らにも通用すると思ったのか、彼らの要望によって招いたのか、こうした宴席には芸者に限らず、必ずストリップ・ガールを呼んだ。

お座敷ストリップ

ストリップ・ガールといっても、劇場のように衣装を次々と脱いで踊るのではなく、始めから全裸で現われ、欲情をそそるような踊りを演技し、はなはだ国辱的なもので、観る日本人にとっては敗戦の悲哀をいやというほど味合わされたものであった。然し招んだ商社側の者は、進駐軍の歓心を買って利権を得るのに夢中になっているので女性達の誇りと人権は全く無視して、金の威力を示すことに終始した。

こうした宴席に出入りする女性は、劇場でストリップ・ガールとして働いた余暇の内職《アルバイト》として呼ばれるので、始めから全裸で宴席の次の部屋で猥褻な踊りを見せて客を喜ばせたり、お酌して廻って、頬や額にキッスをして春情を掻き立てた。

ちなみに、内職や副収入として働くのをアルバイトといって、この言葉は定着したが、終戦以前はドイツのアルバイト・ディーンスト、つまり勤労奉仕のことの略語で、働きを奉仕するのであるから、収入を伴わないのが原則である。それが終戦後には、定職による収入以外の収入、内職による収入の意となって今日に至っている。

日本が敗戦の貧困から立ち直り、再び一流国となってからは、料亭や高級キャバレーではこうした事は決して無かったように体面を重じて済ましているが、外国軍の占領時代には料亭も高級キャバレーも、こうした種類の女性を入れさせなければ、はやらなかったのである。

この料亭や高級キャバレーに、ストリップ・ガールを呼ぶことは、日本人同士の商談の宴席にも行なわれていたが、格式を重んじた料亭はこれを行なわなくなり、いまでは僅かにキャバレーの余興としてその余塵を保っている。

進駐軍が撤退して日本国が自立するまでは、ストリップ・ガールもアルバイトとして男性の枕席《ちんせき》に侍《はべ》ることがあり、これらは当時流行の連込みホテルを利用した。

日本が外国軍によって占領されていた時代は、文字どおり男は身を挺し女は肉体を挺して、必死で生き抜いてゆく時代であったのである。

一〇六　カストリ・バーの女性

他の都市もそうであるが、特に東京は度重なる空襲によって、あらかた焼野原となり、終戦後はもとの盛り場が、いち早く仮小屋を建てて商店が出来た。そして物資不足のため、上野、浅草、新橋、渋谷、新宿、池袋を始めとして、人の集散離合する地域には、闇市（公定の基準でない高価であるが、必要の品や食糧品は何でもあった。板張りから天幕張り、露天等で、毎日開業していた）があり、ここに集まる民衆相手の粗末な飲食店やバーなどがあった。

バーといっても、戦前のバーよりひどく、土間の掘立小屋で、闇流しの洋酒から、良い加減の合成酒まであった。

カストリ・バーの女性

合成酒は、日本軍の用いたアルコールが闇商人の手に渡って、それが取引されたもので、これを水で薄め、シロップを加えた最低の酒であったが、酒に飢えていた人々は群がってこれを飲んだ。これにはエチールとメチールがあり、メチールアルコールであると、身体を損なったり失明したりした。

裸電球のもとに、粗末な椅子とテーブル。こうしたバーがいくつも生まれ、そこで働く女性は客に怪しげな酒を飲ますより密淫売が主であった。そこで、こうした所の便所（当時はまだ水洗便所が普及しておらず汲取り便所）には沢山の使用済みのルーデン・サックが落ちていた。

こうした盛り場で、女性に持てるのは兵隊帰りで、特に航空隊上がりであった。

兵隊は敗戦による武装解除によって、大量の被服や食糧を支給されて帰郷したから、当時としては比較的物持ちであり、航空隊の操縦兵員などは防寒服的航空服で、それが戦時中は恰好良く見えたものである。また特攻隊（正しくは特別攻撃隊といって、敵の艦船に体当たりして自爆する部隊。行きの片道燃料しか積まず、あとは爆弾だけで、学徒や殉国の意燃ゆる青少年が強制的に訓練されて死んで行ったので、一般にあこがれと同情の目で見られた。そこで終戦後も航空服を着ているというだけで幅をきかせた時期があった）帰りと思われ、人々が敬意を表したので、街のヤクザ連中が、この航空服と半長靴、航空帽を手に入れて街を威張って歩いた一時期があった。

彼らはカストリ・バーなどに出入りしても、ホステスなどに顔が利き、ホステスの密淫売の折りの情人《ひも》や見張り役になった。

かくして新橋、上野、浅草、池袋、新宿、渋谷等のバラック建てのカストリ・バーには、こうした怪し気なホステスと、航空服のお兄さんが屯《たむ》ろしていた。

一〇七　逆《さか》さ水母《くらげ》

終戦後ボツボツ復興し始め、ネオン・サインも輝くようになると、急に流行しだしたのが逆さ水母である。

逆さ水母とは地図の記号で、温泉地の印《マーク》が、楕円の上に三本揺らいだ線が付けられた形で、これは温泉の浴槽から湯気が立ち上がった形を記号化したもので、水母が逆さになって泳いでいるのを連想して呼んだ浴場であった。戦後出来た浴場は、大衆浴場のように石鹼、タオルを持参して自分で身体を洗うのではなく、江戸時代の湯女《ゆな》のように身体を洗ってくれたり、簡単な按摩をしてくれるのであった。

東京で一番最初に出来たのが、東京温泉である。これは焼ビルを改装したもので、まず首だけ出せる箱に入れられると、温風が出て汗が大量に流れる。古い時代の蒸し風呂と同じであった。それから浴槽に入れられ、ソープ嬢（石鹼で身体の隅々まで洗ってくれるので、この営業をソープ・ランドともいい、湯女的作業の女性をソープ嬢といった）が身体を流し、それからシーツを敷いたベッドで身体を揉みほぐしてくれる。

疲れや汚れがたまった者には健康回復には適切であったが、ソープ嬢は仕事上パンティ一つの裸体であるから、往々にして客は春情を催し、女性の肉体を要求する。

客と一対一の個室であるから、淫行があっても覗かれることはない。入湯料より、ついでの売春料の方がもうかるから、ソープ嬢はいつしか売春婦になり変わってしまった。

そこで、ソープ・ランドに行くのは、入湯が目的ではなく春情をなぐさめてもらうためで、男性の春情をおさめるためにさまざまの行為が行なわれる。

こうして逆さ水母といえば、男性の春情をなぐさめる所としての存在となり、単に入湯の積もりで行ったら野暮の骨頂で、ソープ嬢はテンデ相手にしなかった。

以降、温泉マークのネオン輝く建物は、だいたいソープ嬢を雇った性的存在となり、そうした認識で人々に利用されている。

まさに江戸時代の丹前《たんぜん》風呂の湯女の復活である。こうした密淫売は現場を見られないかぎり犯罪とされないから、昭和三十二年（一九五七）に「売春防止法」が布かれてからは、公娼としての存在である東京の吉原は軒並逆さ水母に転じ、名も鳩の街と変えて現在に至っているが、実質は名称と設備を変えた売春所であった。

ところでこのソープ嬢は過去の『廻しをとる』ように一日に複数の客に接し、泊まりはない。

したがって泊まりたい客には、昔の待合のように連込みホテルができ、温泉（もちろん沸かし湯）付きの個室の並んだものを経営するようになった。

逆さ水母《くらげ》

一〇八　特殊なキャバレー

敗戦後の痛手から立ち直る頃に、盛り場で流行したのがキャバレーである。これは大規模のカフェーで、過去の女給は「ホステス」という洒落れた名に変わり、飲食だけでなくダンスを行なう場所もあり、音楽が絶えず流れて別天地であった。

一人の客に数人のホステスが群り付き、酒や食物をドンドン注文させて、客から出来るだけ多く金を絞り取ろうとするために、いかがわしい行為もしばしばあり、悪辣な支配人になると、むしろさまざまなテクニックをホステスに指導し強要した。

銀座の一流のキャバレーやクラブには、そうした事はなかったが、盛り場のキャバレーは競って客を夢中にさせるためのセックス行為も行なわれた。

そうしたキャバレーでは、室内が妖しい光で薄暗く、ボックス（テーブルを囲んだソファーの一郭）のあちこちで、客とホステスが抱き合ってキスしたり、明るい光りの下では恥ずかしいような行為も見られた。ホステスは客の手を取って自分の内股に入れさせたり、戦前の場末のいかがわしいカフェーと全く同じ現象であった。

さらに客を欲情促進させるために、自分の陰毛をむしり取って紙に包んで客に進呈したり、ビールの空き瓶を二本床に立てて、その上にかがんで見せるという迷演技をして見せたり、あの手この手で客の欲情を掻き立て、閉店時になると打ち合わせて店外に客と待ち合わせ、連込みホテルに直行した。

だから、こうしたいかがわしいホステス達は毎月の収入が頗る多く、服飾品も贅沢なものを身につけていた。

特殊なキャバレー

これらは、ヤクザが絡んだ資本の経営で、さらに中小のキャバレーはホステスを使っていっそう風紀が悪く、客から根こそぎ金を奪ってしまう暴力キャバレーやバーが増え、現在でもそれらは存在する。

一〇九　モデル倶楽部

日本の景気が上向きになった昭和四十年（一九六五）頃には、随分いかがわしい珍商売が増えた。

その一つに、モデル倶楽部がある。裸婦をモデルにして、クロッキーやデッサンの練習をし、または芸術写真を撮る練習をするアトリエというたいへん結構な名目で、裸婦を隅々まで眺められ、春情を催させる趣向である。

会員制でなく、誰でも金を支払えば入場することが出来、気に入った裸婦がいれば経営者に了解を得て連れ出し、近所の連込みホテルに行くシステムになっているから、画の練習の名目で世間の目を胡麻化した売春斡旋所である。

だからこの倶楽部内に入ると、画が描けようが描けまいが、いちおうカルトンに紙を挟む装置の画版の上に画用紙が一枚挟んであって、４Ｂの鉛筆を添えて渡してくれる。

数人の女性が別室で浴衣がけの軽装でたむろしていて、客の人数が揃うとアトリエ（狭い板張りの部屋でアトリエの雰囲気は全くなく、ただ隅に小さいイーゼルに画板が置かれているのが一つあるだけで、北向きの天井硝子窓もない）に、モデル嬢と客がぞろぞろと入る。

モデル嬢は客の前にポーズをとった姿で座り、客は紙面に鉛筆を走らせるどころかモデルを眺め廻しながら雑談を交わし、話が成立するとモデルは衣装をつけに去る。この時に、経営者に外出を告げるという段取りになる。

この時代の連込みホテルは、まだ旅館兼待合形式であったが、一部屋の隣りにバス・トイレ付きであるから、まず入浴してから事を運ぶ勘定になる。但し、泊まりでないときは夜具も出ていなくて（夜具蒲団があらかじめ敷いてある場合もあるが、これは警察の臨検があった時にまずいから、たいていは）座蒲団いくつかと卓子だけである。

こうしたモデル倶楽部としては、東京都中野区の警察学校の近くにあるのが聞こえていた。ヌードの芸術写真をとるという名目で写真機持参で来る者には、巧みに陰所を隠したポーズばかりで、客の希望に添えぬもので、これも連れ込みホテルに行くことになるが、ホテル内での撮影は一切拒否された。写真撮影はいくらでも焼増して濫発される虞《おそ》れがあるから、女性の体面にもかかわるからであろうし、あられもない姿を撮られて、あとで強請《ゆす》られることを恐れたからであろう。

したがって、写真撮影のモデルとしては、つまらぬポーズばかりであった。

モデル倶楽部

売淫でなく、性的演技をして見せる内職もあった。女性と男性が演じるのを白黒といい、白が女性で黒が男性を意味する演技で、交接の実演を数人の客に観せて、金を取る職業で、一演技、一人頭二千円ぐらいを取った。覗きと同じ好奇心から観るのであるが、女性の裸は兎に角として、男性の行動は美しくもなく、反って自分も性交の場合には、あんな態かと幻滅を感じたり、その持続力の逞ましさに押され、己れのひけ目を感じたりするものであった。結局は、何も金を払ってまで覗きの気分を味わう必要はないと落胆して、うら淋しい心を抱いて、すごすごと立ち去るのが落ちであるから、白黒は期待したほど興味ある見世物ではない。東京では、浅草の国際通りと六区（歓楽街）の間の路地裏の仕舞屋風の家で行なわれ、千束町界隈にかけても散在したが、現在では全く見られない。

この見世物は、終戦後にタクシー代りに流行した輪タク（自転車の後部が二輪の座席付きで自転車と人力車を合わせたもので、一時タクシーの少ない時代に乗物として流行し、いまは全く影をひそめて東南アジア方面で用いられている）の客待ち運転手が、ポン引（ぼんやりした通行人をつかまえて怪しい所に連れ込んだり、人を騙したりする案内人、昔の朦《もう》朧《ろう》車夫の如き者）が好色相《そう》な通行人をつかまえて案内し、手数料をとった。

白黒と同じ演技を披露するのが白々で、これは女性同士の演技である。中央に鍔のついた左右にエバーソフト製の張形があり、これを用いて女性同士が演技するのであるが、女性は肉体の線が柔かく優美であるから、純然たる女性同士のレズビアンを見るような不快感はない。特殊なのはワン白で、これは犬と女性の演技で、獣姦の演技による一種の倒錯である。

二〇　白《しろ》々《しろ》

これらは案内人によって仕舞屋風の家に連れて行かれ、たいてい二階屋で行なわれる。一部屋で待っていると、やがて演技者が現れて裸体となる。客は最低三人から五人ぐらいで一定の人数が揃うまで行なわない。実演となると次の部屋の窓際に一人、路地口に一人、玄関に一人と見張りが立つ。警官の来るのを見張るのである。演技は僅々十分か十五分ぐらいであるが、一人頭二千円、数が少ないと三千円ぐらい徴収される。

良い収入ではあるが、家を提供する者と見張りの者やポン引への謝礼、残りが演技者の切半であるから、実収は意外と少なく、一日に数組の客が来なければ密淫売より率は悪い。経営者や見張役は、たいていヤクザで、演技者は地方から出た女性である。

白《しろ》　白《しろ》

こうして客に演技を観せたあとで、エロ写真を売り付けたりするが、そのモデルはこうした演技者達を撮ったものである。

大正時代頃には、ポン引が縦に四ツに折った印刷絵を地方出の客に売った。両端からのぞく絵柄から春画らしいので慌てて買い、あとで聞いて見ると春画ではなく、桃の実を描いたり他愛のない絵で、一種のだまし絵であったから、万一官憲に売り付ける所を見付けられても、罪にはならなかった。昭和に入ってからは性交写真が出廻り、盛り場でコッソリ売られたが、悪くどいものばかりであった。

またブルー・フィルムといって、性交映画も出初め、白々、白黒のおまけとして見せた。

二二 花電車《はなでんしゃ》

大正時代頃から、秘かに客をあつめて女性が秘所でいろいろの演技をして見せるのを俗に花電車といった。

当時から東京市街には縦横に市電（東京市営の一輛単位の電車）が走っており、俗にこれをチンチン電車といった。警笛代りに椀を伏せた様な金属の紐を引くことによって、先端の撞木に叩かれて発する音から名付けられた。

戦前の国家や市の祝祭日には、人形や花で飾った祝賀用の電車が十数台市中を走り、これには人は乗せなかった。そこから女性の性的演技は人を乗せない（性交しない）で、ただ見せるだけという意味で、この演技を花電車と俗称した。

演技する女性は相当の修業を積んだものらしく、卵を塡《う》めて出して見せたり、熟練者になるとピンポン玉をいくつか塡めて順々に発射したり煙草をふかしたりする神技も披露した。またその部分の力を示すために、ビール瓶をくわえて見物客に引っぱらせてみせたり、筆を挿入して、筆先に墨を浸し、紙面に向かって書や画を描くという巧妙な技術者もいた。画は簡単な富士山とかの風景であるが、書は忠孝と書いた字が上手なので、客はそれをもらって帰り、小学生の息子に、字はこういう風に上手に書かなくてはいけないと戒めたという戦前の逸話まであるくらいの伝統的日本の芸能（？）であった。

こうした秘所で演技を見せることは、フランスでも行なわれ、挾みといってテーブルの角に銀貨を棒状に積んだのを、この道で修業した女性が、さっとその場所を跨ぐようにして吸いとってしまう妙技を見せたり、上海の魔鏡《モウチン》という見世物も、これに類したもので、退廃した性文化の異色ある見世物である。

たいていの花電車女性は、バナナ切りぐらいは初歩で、バナナを挿入して少し出しては切り落とす。

花《はな》電《でん》車《しゃ》

ふつうは、縊《くび》れたように切れるが、名人になると輪切りにして落とすといい、見物客の中の好色家は、その切れたバナナを喰べて喜んだという。終戦後は、東京浅草の旧六区の路地裏に花電車を見せる場所があったが、現在ではその所在はわからない。ある所では、料亭の客にこっそり披露したりした。このての女性の中には、裸形でスタイルも良く美貌の者もいたが、決して客には肉体を許さなかった。

一一二　美人局《つつもたせ》

妻や恋人を使って他の男を色仕掛けで一儀に及ばんとし、その刹那にかねて打合わせていた夫や情夫が現われて、相手の男性を嚇し、詫び代として金銭や物品を取り上げることを「つつもたせ」という。

『大言海』には筒為持《つつもたせ》の義で博徒間の隠語ともしている。

騙姦《へんかん》（なれあいまおとこ）ともいい、喜田村信節『嬉遊笑覧』巻九には、好囮、火囮、局騙とも書くが、『武林旧事』には美人局と書かれ、この文字が一般的に用いられている。

日本でも古くから行なわれている姦計で、これの罪は重い。天文二年（一五三二）の伊達植宗蔵方掟《おきて》にも禁令があり、江戸時代は盛んであったとみえて、井原西鶴の『日本永代蔵』に「わろきもの、人参のつきつけ、筒もたせ」などとあり、筒もたせとも書いている。

現代でも、ホステス、芸者、不良の者に夫や情夫が付いていて、女性を使って鼻下長族を誘惑させ、肉体関係に及ぼうとする寸前に夫が飛び込んで、男を嚇す。女性は俄かに態度を変え、強姦されそうになっていたといって誘われた男の立場を悪くする。夫婦ぐるになっての姦計で、散々嚇かされて金を捲き上げられるが、中にはこれを種《ネタ》に度々押掛けては金を強請《ゆす》るものもいた。

温泉地の無頼漢《ゴロ》などは、客が入湯していると頼みもしない女性が入って来て親しくなり、欲情して犯すと、後で情夫が入って来て嚇し、示談金として莫大な金を要求するばかりか、後々までも家に電話したり、誘い出して強請り、家産の傾くほど絞り取られる者もいた。

著名人や富豪に目をつけると、女性と同衾している所を写真に撮り、これを見せて嚇し、さらに写真を公表するか、ネガを買い取れと嚇す。

社会的地位にある人は、赤新聞や俗悪週刊誌に発表されたら名誉失墜であるから、泣き泣き大金を出して要求に応じることになる。

こうした美人局事件は、人間色欲を失なわない限り絶えないであろう。

風俗営業の女性や好色女性から「貴男は良い男ね」とか「好きになってしまった」などの甘言は常套手段であるから、「俺は女に持てるのか」と自惚れる前に鏡と相談しないと危険である。彼女らが、「惚れたり」「好きになる」のは本人ではなく「懐中の金銭」や「財産」であることに注意せねばならぬのに、たいていの男性は鼻の下を伸ばして、小娘風情に引っかかってしまうのである。

またこの反対に大した風采でもないのに、巧言令色と色道達者の男性に、未成年の女子、人妻、未亡人がころりと引っ掛かって、金を絞り取られる例も多いから、性の衝動は恐ろしい面がある。

美人局《つつもたせ》

二三　連込みホテル㈠

戦前は待合といって、粋な静かな構えで、「商談・御休憩」に利用するという名目の逢引・密会の場所の提供業があった。客の要求によって茶菓子、酒も出したが、中には料理茶屋のように料理も出す（その家で料理するのではなく、近所の料理屋から取り寄せるので、その手数料を取るから一般の料理屋より高い。そこで料理茶屋といって、待合を兼ねた茶屋風の料理屋もあった）家もあったが、要するに男女密会の場所であって、散歩に疲れたから休憩して茶を一喫しようというような所ではない。待合は、午前と午後と夜とに分けて、一部屋が三度稼いでくれたものである。但し戦前は旧式であるから、便所も水洗でないし、風呂も一カ所の桶式であった。これが、江戸時代から昭和の終戦時までの一般形式の待合であった。

終戦後急激に洋式化すると、旅館もホテルという名に変わり、泊まる部屋も個室になって、水洗トイレと風呂場付き。さらに冷暖房設備からテレビ台付き、外人も増えたので寝台式になり、逆に床の間付き畳座敷、敷蒲団の部屋というのは、特に注文しなければ入れなくなった。

こうした形式が待合にも影響して、よろず洋式になり、一見待合の場所かホテルかわからなくなり、俗称「連込みホテル」といわれている。

ホテルを称する以上、宿泊客も泊まれるが、入口近くの看板にある通り、旧来の名目であった「商談・御休憩」の謳い文句があるから、歴然と逢引の場所でありながら、備えつけの寝台もツインからダブルまであって、お泊まりの方が本筋であり、また旧態を懐かしむ人のために洒落た日本間もある。

連込みホテル

昭和の中頃までは日本建築の待合・旅館であったが、現在は鉄筋コンクリートの内部を区割りして個室の長屋形式としたから、和室であってもコンクリートの内側に木材で日本式に構成したに過ぎない。

屋根瓦葺きの日本建築の待合や旅館に行きたかったら、地方の観光客の少ない市町村に行くしかない。

都会に密集する連込みホテルは、外見は近代的であるが、入口は大正時代の玉の井の私娼窟に似ている所が多いようだ。

入口正面は、殆んど中央が目隠しの壁になっていて、その左右が出入口であるから内部は見通せない。出入口が二つあるのは、玉の井の故智に倣って、出入口の人が互いに顔を合わせないで済むことと、逢引の男女が一緒に出入りして他人に見られないで済む知恵である。

玉の井は私娼窟の集まった所であるから、互いにその家を示すために、ネオンや門灯で人目に付くようにしてあるが、連込みホテルは出入りに人目を憚かるから暗くしてある。一見地味な構えであるから、通行人は一寸は気が付かない。但し、建物の上方の壁か屋上に、存在を示すネオンが赤く輝いているだけである。

ホテルは入口を入るとコンクリートかモザイクタイル張りで、家によっては低い玄関式台と廊下のものと土足で歩ける所とある。

玄関脇に必ず受付があり、年配の女性か受付の女性がいて、ここに客の名簿帳があるが、殆んど偽名を書くようである。支払いは前渡しで、時間か泊まりかを決める。鍵を渡してくれる所と、案内のおばさんが先に立って指定の部屋まで連れて行ってくれる所とある。

履物を脱ぐところでは、案内人が履物を持って行ってしまう。これにはいろいろの意味があり、用心の為である。

二一四　連込みホテル㈡

一般的連込みホテルは、廊下を挾んで両側に長屋式に部屋が並ぶが、入口はいろいろある。ビジネス・ホテル式に扉の所もあるが、洒落た格子戸の所もある。

一帖ぐらいの那智黒砂利を敷きつめた叩きで上り端の座敷、横に押入床の間付きの座敷、奥にトイレ・バス付き。座敷にはテーブルと座蒲団のあることは温泉旅館と同じで、日本式連込みホテルの場合には、一部屋にあらかじめ蒲団が敷いてある。床の間には、無名画家の描いた安物の掛軸、隅にテレビ。窓は垣根に面して一カ所、室内もトイレ・バスも電灯なしでは暗い。少し上等の部屋になると床の間と床脇付き、押入れと、両開きの衣装ダンス、部屋も三つぐらいあり、蒲団を敷いた隣りの部屋の壁面は鏡張り、トイレも余裕があり、バスにもシャワー部が硝子張りの電話ボックスのように付属している。テレビにはビデオ撮影可能の設備があり、エロ・ビデオを映すことも出来れば、自分達の行動をそのまま撮ったビデオを持って帰ることも出来る。

ただ怪し気なホテルでは、部屋の中の鏡の隣りから部屋の様子が見えるようになっていて、熱戦の様子を覗き趣味の客に見せたり、部屋の隅の隠しカメラから撮られていることもあるから、注意を要する。

また男性が一人で行っても、ホテル側でアルバイトで務める女性を電話で呼び出して提供する、テレクラ応用の連込みホテルもある。地方人で、東京のホテルに予約していなかったので、ホテルのネオンサインを見て泊まったところ、方々の部屋でバスの注湯・排湯と水洗の音が絶えないので、一晩中まんじりとも睡れなかったという。

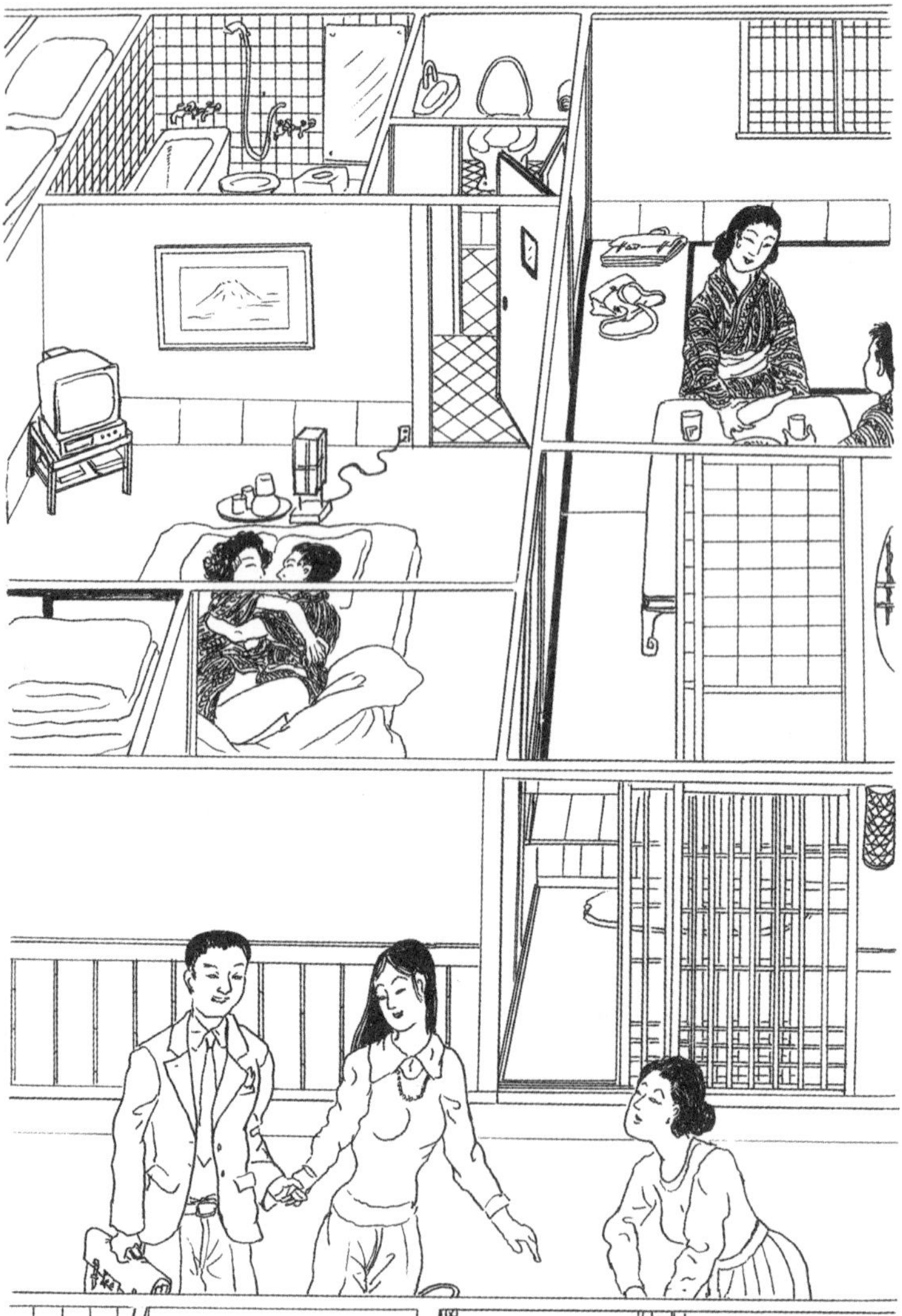

連込みホテル

一一五　連込みホテル（三）

日本人も生活が洋風化して来たので、寝床《ベッド》に馴れて、畳に敷いた蒲団では落ち付かぬという若い人も増えて来たから、ホテルも洋室の方が便利と考えるようになった。

そこで連込みホテルも、まるでビジネス・ホテル式のものから、豪華な装飾付きの広い部屋、冷蔵庫付きのものまであり、寝床も洒落たダブルベッド、鏡張りの部屋、寝床が電動式で、上下左右ローリングする装置、円型ベッドまであり、SM愛好家用の道具まで揃えている所もあるという。

連込みホテルを愛用するのは、恋人同士の密会ばかりでなく、はなはだしいのは会社勤めの男女が、夜ばかりでなく昼休みの一寸とした時間を利用しての隠れた楽しみ場所に利用される。また上司に信用され給料を上げてもらったり贈り物をもらうため、極端なのは上司の奥様のあと釜に座ろうとの下心から、色と欲との二股かけて、昼の僅かの隙に密会するのに、連込みホテルの存在は誠に重宝である。夜の密会は帰宅が遅くなり、互いに言いわけに苦労するが、昼間の密会は知った人に出逢わぬかぎり、絶対に曝《ば》れっこない。

ところが、上司は部下の女性を自分の権限内での使用可能と考えているのか、自分は惚れられるほど実力のある良い男とかいかぶってか、次の女性に食指を動かし、前の女性に秋風を立てると、打算の強い女性の嫉妬は恐ろしい。忽ちレイプされたと訴え出して、上司は赤恥をかいて大損をする。この様に一人で美人局の役を果たしてしまう女性もいるから御用心。

また連込みホテルで密会を続けているうちに、男性の妻が病死して、後妻に直って社長・重役婦人に出世すると

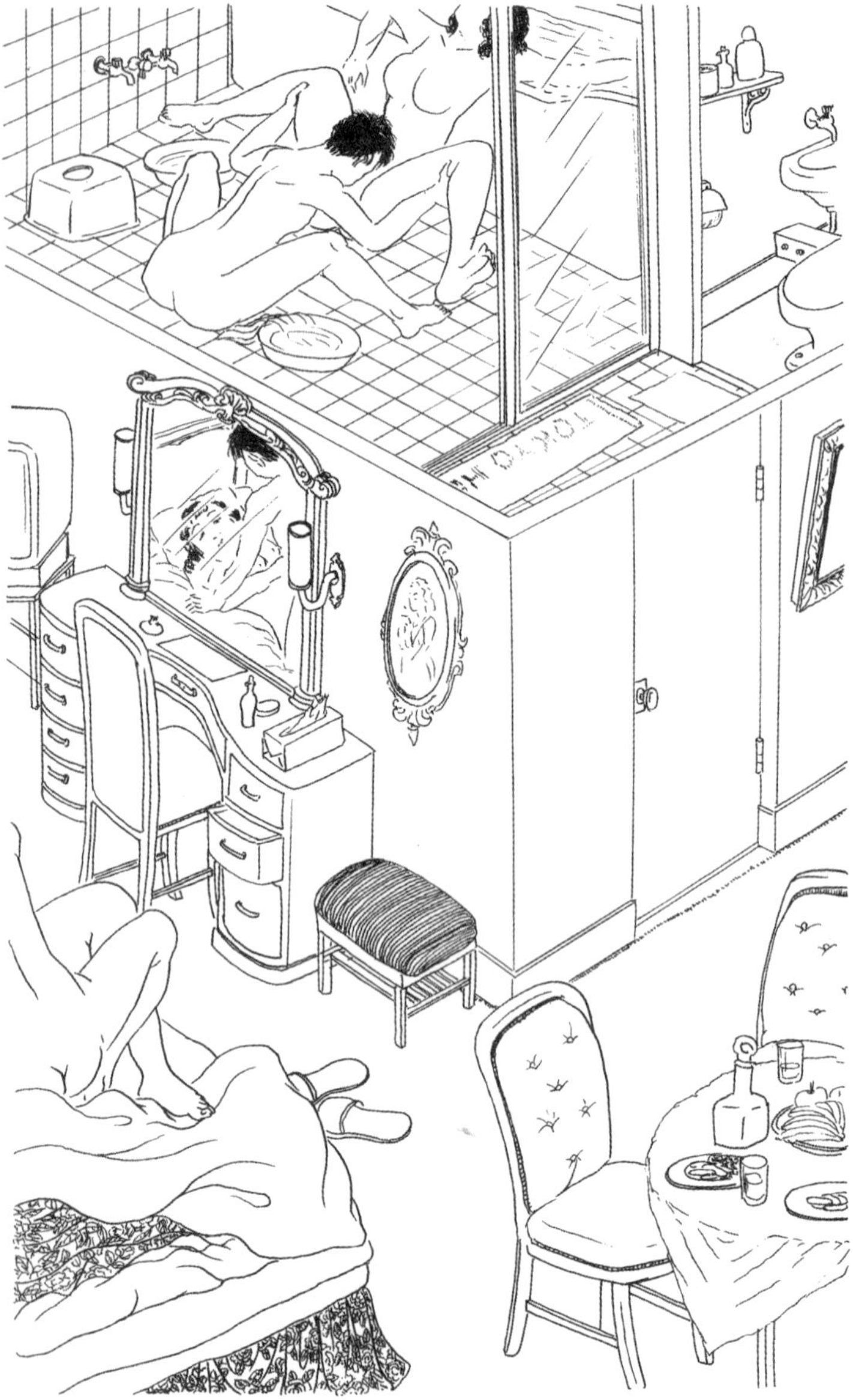

連込みホテル

いうケースもあるが、これも辛抱強く連込みホテルに通った結果で、現代社会の中で連込みホテルの功罪は大きく、野合が獣類の行為と同じと思っているかぎり、社会風紀上連込みホテルの存在は大きいといわねばならない。

一一六　乱交パーティ

大正デモクラシーの時代に、モダン振った文士の中には、妻君を交換し合って大いに性の自由化を謳おうとしたことが一部には見られたが、当時は不倫・不道徳として指弾されながら羨ましがられた。

というのも、昔は姦通《かんつう》といって、姦通罪という法律条文もあったが、現在は姦通罪という用語もなくなったので、一般的道徳観念から不倫と称するようになり、その語源から、それほど罪悪視されなくなった傾向がある。それも不倫とは道徳・人倫に外れている意であるから、男女間の密会行為に限らないが、ジャーナリストが用い始めてから、一種の流行語として使われるようになったからかもしれない。ともかく昭和の終戦後は、性の解放でそれほど不倫も異端的に見られなくなって来た。

とはいっても、夫の不倫はあまり騒がれなくても、人妻の不倫はとかく話題にされがちである。

そこから、おかしな社会現象ではあるが、夫婦同伴または恋人同伴で秘密集会に列席し、男女互いに相手を交換し合って性交を楽しむ乱交パーティというのが生まれてきた。これは自分の恋人や異性の味を知るのは、夫婦間の励みになっていいかも知れないが、こうしたグループが終戦後かなり増えていることは事実である。

いまや貞操とか純潔性というのは、通用しない時代になってきたのである。互いに了承し合っての上だから売

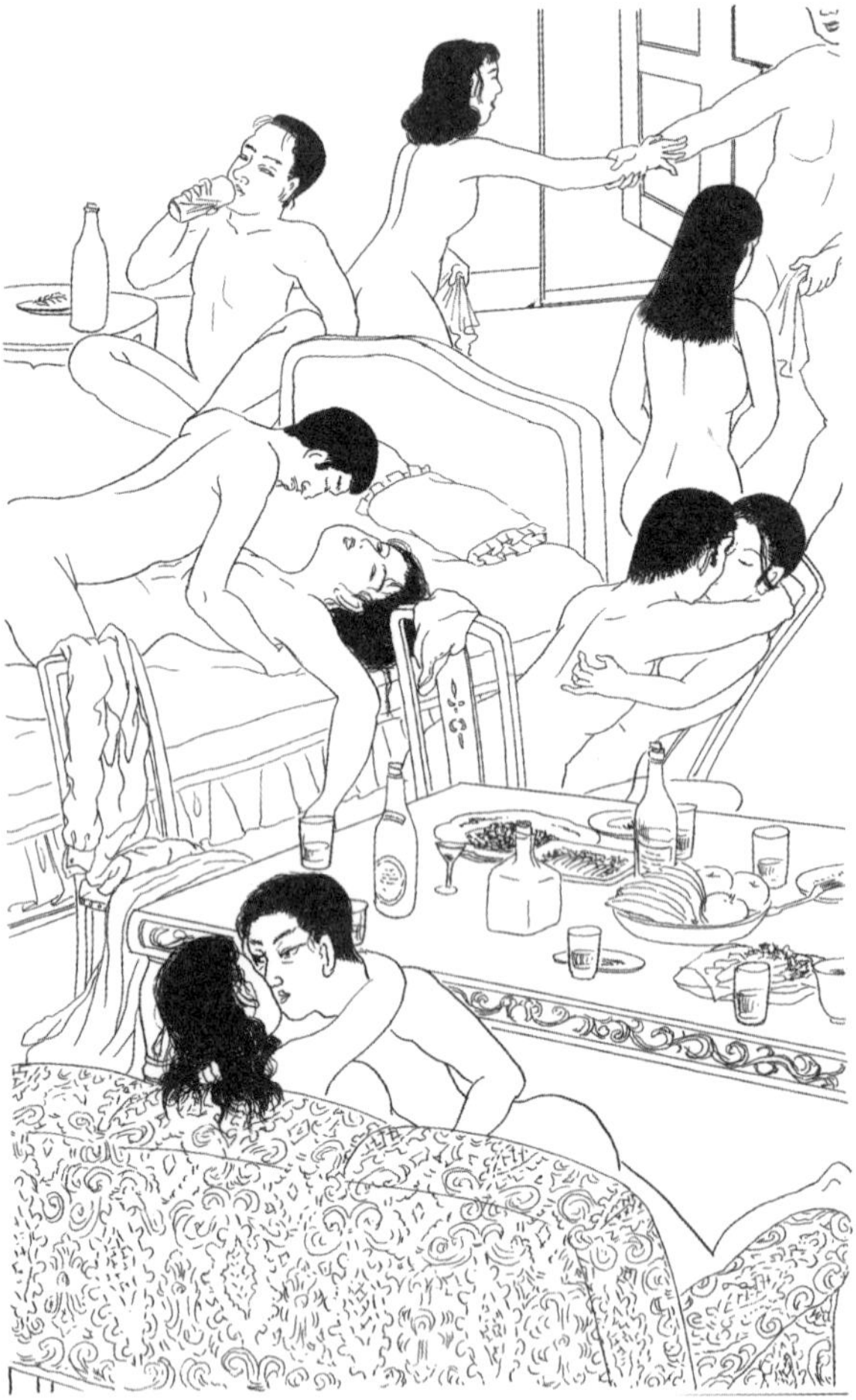

乱交パーティ

春行為とは違うので、法律的に取締まりようがない。但し公然とは開催できないから、たいていは秘密集会である。それに酒食も用意されて交歓親睦的乱交パーティとはいうものの、やはり夫や妻が他人と交るのは、あまり良い気持ちがしないので、それほど流行しなくなった。

だいたい日本には、古くから乱交パーティ的風習が一部にあって、奈良時代の歌垣《うたがき》風俗は『万葉集』にまでうたわれ、終戦前までは地方によっては、若者宿や夜這いの風習があったから、乱交パーティはさほど珍しいものではなかった。

『太平記』に、鎌倉の北条政権を倒す陰謀を廻らすために、京都の公卿・僧侶・武家は乱交パーティをして表面を胡麻化したし、平家を滅ぼす陰謀にも、同様のことが行なわれた。

但し、これらは夫婦・恋人同伴ではなかった。現代の乱交パーティは、夫婦・恋人同伴で、他人に自由にさせるのである。お互いに、他人の味も知らせようという御親切な話しであるが、これによって夫婦別れ、恋人離れした例もあるから、そこまでパートナーに配慮してやることもあるまい。

一一七　野合《やごう》と覗《のぞ》き

現在は連込みホテルやモーテル（自動車で乗り付けても車庫のある連込みホテル）が普及したので、屋外での男女の交歓はあまり目立たなくなっても、それでも人気少ない所では往々にして見られる。ホテルに行く金がないのか惜しいのか、欲情が激しいのか、人目に触れない場所として適当なのか、こうした屋外での交歓を野合といっている。

大昔は野合は不自然ではなかったし、奈良時代には歌垣があり、その遺風は地方の村落の祭礼の夜の鎮守の森にも見られた。また夜這いは普通の如く行なわれた所では、屋外での密会もふしだらのこととは思われていなかった。今日の法律に猥褻物陳列罪というのがあるように、公衆の面前で堂々と愛の交歓したのでは罰せられるが、人目につかぬ所で愛し合うのは一向に差支えないのである。

こうした点から、現在でも野合はしばしば行なわれるが、たいていの場合樹陰で人目につかない所か、夜間の暗い所である。

地方に行くと山野があるから、山路を外れた森林の繁みや叢に隠れて昼間から野合するが、都会は櫛比《しっぴ》した街並であるから、人の少ない公園の樹陰が利用される。

東京ではお台場（江戸時代末期に外国の軍艦の侵入に備えて築いた人工の島で、砲台を据えつけた跡）が利用される。ここは人が住まず草が生えるにまかせ、東京湾遊覧汽船が一時間に一回廻って来るだけで、景色以外見るべきものがないから、人があまり上陸しない。若いカップルが上陸するだけで、次の汽船が来るまで、お台場の斜面の叢の中で、海を眺めながら、ゆっくり愛の交歓が出来るのである。

野合《やごう》と覗《のぞ》き

　夜は東京の中の広い公園は樹立が多いから、街灯の光りの届かない樹蔭には、若い男女が恥じることなく愛の交歓をしている。恐らく地方でも同様であろう。

　この野合をまた覗き見する趣味の男もある。さすがに、女性の覗き屋はいないが、男性は三十代から五十代が多く、中には同好の士が三、四人、御苦労様にも雨の日以外は、毎日野合の覗き見を楽しむようである。

　一度民放がこれを取材したことがあるが、夏などは蚊にさされるので、薬材を撒布したりして叢を這って近付き、固唾を飲んで見つめたり、中には赤外線写真を撮ったりする熱心さである。

　他人の愛の交歓を見て満足するのも性的はけ口かも知れぬが、中には御親切なものがいて、二人の裾をめくったり、ズボンをずりさげてやる者がいるという。当人同士は夢中になっているから相手がやっていると思って、傍に覗き男がいるというのを一向に気が付かぬらしいというから笑止である。

一一八　春画《しゅんが》とエロ写真売り

大正時代の末頃から写真の男女交歓図が流行し、春画の縮小版印刷物は、しだいに影をひそめた。写真の交歓図はリアルであるが、醜悪でロマンと夢がなかった。しかし、浮世絵の良さを理解しない人々には喜ばれ、秘かに愛蔵し、また女性の春情をそそるためにも買い求め、中にはコレクションする者もあった。

昔は娘が嫁に行くときに、親は春画を入手して持たしてやるのが親心であったが、エロ写真が出廻るようになってからは、六枚一組とか、十二カ月一組というふうに、複数のエロ写真に代わった。

但し、これらは一般では入手できず、花柳界関係の者か、盛り場をうろつくポン引の手によって、売り捌かれていた。

エロ写真のモデルは、たいてい定職を持たない不良青年と女性か、ヤクザのおあにいさんとその情婦、または貧しくて密淫売をする女性が、内職としてポーズをつけて撮影された。

これらの実態は、大正時代の『文芸倶楽部』東京の怪窟に詳しいが、大正時代は男女演技の撮影料が約十円、終戦後は物価に比例してもっと上がったであろうが、一回撮影されたら何百枚、何千枚焼増されても、本人は文句が言えない。また、この道から抜け出そうとしても、写真を知っている人にバラ撒くぞと嚇《おど》かされれば、次の要求に応じなければならないという、良い内職であるが、蟻地獄的社会である。年老いて醜くなるか、身体の線に魅力がなくならないかぎり、開放されないのである。

これらのエロ写真は、どういう所で売り捌かれるかというと、私娼窟のある盛り場等の往来で、街の地廻りやポ

エロ写真売り

ン引が、好色そうな男をつかまえて「旦那、だんな、良い写真がありますが……」と、組写真の一部をチラリと見せる。

　これに興味を持てば、路地裏に引っぱり込んで取引するが、手札型ぐらいで昔は一枚一円ほど。素人撮影、素人焼付けの暗い写真であるが、紛れも無い男女交歓の写真で、官憲の目が五月蠅《うるさい》から慌てて三枚一組なり六枚一組を買って懐中にする。焼付代、印画紙共に数銭であるから、随分ボロいもうけであった。

　こうした写真は水洗いも悪いから一年も経つと褐色がかって、褪色して行く粗末なものであったが、当時の男性はこれを愛蔵し、女性を欲情させる材料とした。結婚前は貞操を重んじた戦前にあっては、こうしたリアルな写真は、反って逆効果であった。

　戦後暫らくたつと、エロ雑誌が氾濫し、SMが流行し出すと、それ専門の大阪の某出版社が月刊雑誌を出したが、SMの裸体写真が通信販売され、これもかなり購入者があったらしいが、今日のように局部や毛の部分は巧みに隠されていなかった。

昭和六十年代頃までは、女性の裸体の写真や絵画は、局部さえ略されていれば出版も黙許されていたので、江戸時代の春画を印刷しても、目触りにもその部分を塗り潰したり消したりし、浮世絵などは画調を下げ隔靴掻痒《かくかそうよう》のものであったが、今日では芸術作品として押し通したものは、局部も毛も略さない。

おそらく現在でもエロ写真（素人が撮って密売するもの）は取締まられるであろう。

それと共に、エロ写真が売れなくなったのは、性行為を撮ったビデオの流行で、これはさまざまな動きを刻明に映し、それが廉価で売られ、家庭にまで普及するようになったからである。

テレビは家庭に二、三台も備えるようになった現在、このビデオ・テープは簡単に購入でき、素人でも撮影できるようになったので、エロ写真に代わってエロビデオがビデオショップにまで売られ、ビジネスホテルのテレビにさえ用意される現状であるから、素人の焼きの甘いエロ写真などは廃棄される一方である。

エロビデオの元は秘密裡に製作されたエロ映画で、これはブルーフィルムといわれている。フィルム映写がオールカラーでなく白黒であった頃に、濃い部分は蒼黒い色のために名付けられたが、一名ピンクフィルムともいう。

一一九　大人の玩具屋（アダルト・ショップ）

アダルト（Adult）は大人の意。大人の専用の店であるから、子供は入れない。十八歳未満の方御断りの貼紙通りで、これも終戦後現れた商売である。

男女の性欲を満足させたり、昂進させたりする補助と遊戯用の道具を売る所で、こうした道具は古代からあった

大人の玩具屋（アダルト・ショップ）

が、発達したのは江戸時代からである。これらは薬屋でも小間物屋でも売っておらず、僅かにお得意廻りの小間物屋が背負い荷の中に忍ばせて売り捌いた。

　戦前はゴム製品で、一部の町で手内職で作ったものが秘かに売られていたが、終戦後はエバーソフト、ビニール、プラスチック等の合成樹脂製で、形も巧妙になり男女の用いるいろいろの種類が出来た。

　これらとエロ写真・エロ雑誌を売る店であるが、さすがに陳列に並べるわけにも行かぬので、店は陳列無しで扉があり、僅かに「大人のおもちゃ」の文字看板があるだけである。

　盛り場や温泉地の街外れにあり、看板がなければ何の店かわからない。たいてい土間の突き当たりに低い硝子ケースが置かれ、中に箱入りでいろいろの道具が置いてあるが、露出した品は少ない。店の者は客の様子をよく観察してから、客の要求する品物を持って来るが、セックスを楽しむ道具は、あらかた奥に収蔵してある。

　現在では、至れり尽せりの巧妙な道具があり、部分がそっくりの活人形まである。戦前の粗末なものとは、雲泥の差になった。

こうした性具は、終戦後一部の業者による内職的製品で海外にも聞え、輸出の末端に列したが、現在では外国製品でも優秀なものが出来たので、もっぱら二流週刊誌や雑誌に競争で広告を出しており、需要者もかなりいるらしく、器具はますます巧妙になってゆく。

こうした店では、市販されているアダルト・ビデオのように局部を映さないのと違って、赤裸々に映し出された悪くどいものも、秘かに売られ、これらはヤクザの資源の一端を荷っている。

一二〇　モーテル

モーテルとは、モーター・ホテルの合成語で、外国の形式が模倣されたものらしく、昭和後期に自動車が普及してから出来た。繁華な都会地には少なく、主に辺鄙な田園道や淋しい地域に多くあるのが特色である。

女性を誘いだしドライブに行き、欲情して車の中で愛の交歓を行なうのをカー・セックスというが、終わってからの後始末が不便のため、ドライバー用の連込みホテルとして利用される。そこで、田畠の拡がる淋しい所でも良いので、農地の一部を提供してこうしたホテルが全国的に作られた。

駐車場付きホテルであるが、連込み専用であるから、ホテル一部屋分と駐車場の空地が一セットになって列んでいる建物である。隣の車が誰のものであるかわからないし、一軒ごとに離れているから、少々嬌声をあげても聞こえないし、通行の車以外人通りもない。

モーテル

そしてバス・トイレ付きであるから、利用者には便利である。

若い女性をドライブに誘うのは、目的がきまっている。女性もそれを承知で付いて行くのであるから、中にはピクニック気分で食料まで持参して行くし、かなり遠方まで行ける。

これも、夜には田圃の真中でありながら、赤い妖し気なネオンが輝いて、ドライバーを誘っている。

一棟ずつ別個建てのものと、建物は長屋式で駐車場が各入口の前に付いているのとあり、またファミリー・レストランや二十四時間営業のマーケット付きのものもあるが、田圃の真中や畑に囲まれている地域では、そうした設備はない。

但し、泊まり客よりは一時の愛の交歓場所であるから、食事は持参か、別のドライブ・インあたりで済ますのである。

〈付録〉

遊女の値《ね》段《だん》

隠《かく》し売女《ばいじょ》の異名

春《しゅん》画《が》

色街と売春婦

〈付一〉江戸時代遊女の値段

江戸時代の遊女の揚代《あげだい》は、時代の移り変わりによって多少変動し、また級《クラス》によっても異なり、上方（関西）や地方によっても異なるので、大略を概算的に述べて、一つの目安とし、あとはそれを基準として推定するしか方法がない。

しかも揚代の基準と他の物価との比は、物価の方が変動が大きいから正確に把握することは困難で、飽くまでも概算でしか示せない。

貞享四年（一六八七）頃に刊行された『江戸鹿子《かのこ》』によると、江戸吉原の太夫《たゆう》級で銀三七匁（金で二分と三朱に当る）であるが『諸芸大鑑』には七十四匁としてあるから、昼三七匁、夜三七匁のことであろう。

米価も時代によって変遷があるが、文政頃には米一石五斗が一両に当たるから、太夫を一日買うと米が一石六斗余、四斗俵に直すと四俵となる。現在米一キロが六五〇円とすると約十二万円ぐらい、一人一日の食扶持《くいぶち》が五合と仮算されているから、太夫一日の揚代で一年近くの米の食扶持になる。もちろん江戸時代の物価に対する遊女代の標準、米と貨幣の基準は、今日の計算通りには行かぬが、概略こんなところである。これが上方の太夫級であると、銀五十匁（金三分）で江戸より安い。

元文・寛保の頃（一七三六～四三）の江戸の太夫は八四匁（金で一両一分一朱近く）、上方で七六匁（金で一両三朱位）であった。

寛延頃（一七四八～五〇）の江戸で九〇匁（金で一両二分）で、昼夜それぞれ三分であるから、『昼三』といった。

上方で宝暦の頃(一七五一〜六三)の太夫が銀七六匁であるから、江戸よりは安い。それでも米一石九斗余り(二二五キロ余り)買える値段である。

次の級の江戸の格子女郎《こうしじょろう》は初期で銀二六匁であったが、貞享頃には五二匁、昼は二六匁、昼夜で約金三分と二朱、米が三俵ほど買える値段であるが、元文・寛保の頃は銀六〇匁(金一両)で、以降大体この値が続いている。つまり昼二分、夜二分で、二分で米七斗五升買える(約八八キロ、約五万六千円位)。

上方の格子に当たるのが天神で、これは銀三〇匁(金二分)、その次の小天神が銀二三匁(金一分と二四〇文ほど)。三番目の散茶《さんちゃ》(山茶)級で、江戸では銀二〇匁(金一分)であったが、元文・寛保の頃には銀五〇匁(金三分)にはね上がった。これは昼一分二朱、夜一分三朱で、夜は一朱だけ高い。

この級に当る上方の囲《かこい》(鹿子位)は、銀で一七匁から一八匁である。

江戸吉原の局見世で銀五匁から三匁(一朱前後、三〇〇文から二〇〇文)。

これらは揚代といって、正規の料金であるから、このほかに纏頭《チップ》、料理代のほかに、芸者や幇間を揚げたら倍も三倍もかかる。

だいたい、御職《しょく》(太夫)を揚げても初会、二回めの裏を返すという時を経過しないと、身体をまかさない。それでも正規の揚代は取るというずるさで、これを寛容しなければ遊女買いとはいえない。

三度目にやっと身体を許して馴染《なじみ》となるが、馴染になるには馴染金という纏頭(花)を出す。この馴染金は揚代とは別で、たいてい二両二分が下限で気前が良ければ十数両出す。花は床花といって、御職の部屋中に出すもの、二階花といって、揚屋の二階に住む人達を含めて出す者、物花《そうはな》は揚屋中のすべての人に行き渡るように出すのをいうから、御職を買うのにはけちっても六、七両、気前良くすれば十両や二十両は二、三度で消えてしまう。紺屋の高尾の話ではないが、一般庶民や下級武士には、縁の遠い遊び場所であった。

したがって、高級遊女買以外は岡場所の遊所や隠し淫売を買わざるを得ないが、これにもランク付けられ、銀七匁五分から二四文まである。

『日本奴隷史』近世期奴隷の種類遊女の項によると、

江戸刊行の春画の末に載せたる隠売女の値段付きに、銀ぜにうりかひの事、いく□□知れず。三十二文、所さだまらず二十四文（これは夜鷹か）。品川（品川宿の遊廓）十五匁（金にして三朱、銭にして九百文）。七匁五分、四百文（銀六匁二分五厘）、六百文（二朱、銀十匁）。櫓下七匁五分、赤坂六百文、四百文、五十文。新寺町二百文（銀二匁五分）。四ツ谷七匁五分、四百文、六百文。入船七匁五分。氷川十匁。多町百文。三田一貫文（三朱と百文、銀十六匁二分五厘）。五十文。石場七匁五分。以呂波《いろは》六百、四百文。てうせん（朝鮮来聘《らいへい》使の屋敷のあった跡の長屋）百文。根津六百文、四百文。佃《つくだ》新地七匁五分。直介《なおすけ》やしき七匁五分。五十文。音羽六百文、四百文。大橋七匁五分。五十文。大根畑七匁五分、六百文、四百文。万福寺前五十文。神明七匁五分。御旅《おたび》七匁五分。三十三間堂六百文、四百文。馬道十五匁（三朱）。こんにゃく島七匁五分。入江町六百文、四百文、二百文、川天神穴十五匁。仲町十五匁。薮下一貫文（銀十二匁五分）、五十文。山下二百文。湯島穴十五匁。土橋十二匁。五十文。芝神明穴十五匁（三朱）。土手かは十五匁。七匁五分。赤城十匁（二朱）。裾つき裡《うら》表共七匁五分。平一ケ谷十二匁。金龍寺前二百文。よし町穴十五匁とあるを見れば、江戸中何処も魔窟ならざるはなかりしなり。

とある。この中で三田の一貫文、藪下の一貫文は、三朱以上であるから、吉原の散茶女郎に次ぎ、吉原局見世より良い値段で、客扱いも良かったから、下級の遊びとしたら自然と岡場所の方に流れて行く。

それでも、銀七匁五分は当時米が一斗五升ぐらい買えた。つまり一人一月分ぐらいの食扶持料に当り、今日の米代一七、七〇〇円ぐらいに当る。

その上料理をとると二朱台（実費は四、五百文であるが二朱は六百文）の費用であるし、女性に持てようと気前を良くして十匁ぐらいはポンと出す。

『近世風俗志（守貞謾稿）』によると、切見世で百文のきめでも三百文から五百文位を払うというから、文政頃（一八一八～二九）で、百文で米が三升ぐらい買えるから、五百文で一斗五升、現在で二、三千円ぐらいであるから、これは安価である。

夜鷹に至っては、一交二十四文が相場であるが、これも五十文、百文と払わねば良い顔はしない。二十四文で米が約七合一寸《ちょっと》現在の九百円前後であるから、家族を抱えている夜鷹では暮らして行けないから、数多くの客をとる。当然腹が空くので、付近を流す夜鳴（夜鷹）蕎麦を食う。川柳に「客二ツ潰して蕎麦を三ツ喰い」とあるがそれで、当時の蕎麦は一杯の量が少ないから三杯も食わねば腹が一杯にならない。蕎麦一杯十六文であるから、三ツ食うと客二人とった分の四十八文、米で約一升五合ぐらいに当るが、それなら蕎麦を食わずに、握り飯でも持参した方が経済的であろうというものである。

〈付二〉隠し売女の異名

阿部弘蔵の『日本奴隷史』第十章　近世期奴隷の種類　遊女の項に、
地方に於ける隠し売女の種類と名称を挙げて、次のように述べている

武蔵江戸のひっぱり（引張り）
綿摘み、山猫、竈《かまど》はらい、お茶漬
横浜の十仙《テンセンス》
八王子の笊《ざる》そば
船橋の八兵衛
戸塚の山の芋《いも》
熊谷のおしくら（押倉）
相模浦賀の饅頭
伊豆下田の牛せんびり
上総下総のどら船
銚子の提重《さげじゅう》
成田・大和田・上野前橋の達磨《だるま》

三河大浜のやしゃこら
遠江荒井の駱駄《らくだ》
駿河の二百
信濃上田のべざい
松本の張箱《はりばこ》
越前敦賀のこそや干瓢
越後の冷水、浮身あをのご
新潟の後家（お高祖《こそ》頭巾を被って廻し合羽を着て、薄暗い街頭に佇んで通行人を呼んで売淫する。江戸の夜鷹のようなもの）転《ころ》びもっきりもぐり
糸魚川の二百三文
長岡の薦《こも》かぶり
新発田《しばた》のかぼちゃ
加賀の北烏《きたからす》
越中富山のごぜ
佐渡夷《えびす》の貉《むじな》
伯耆《ほうき》境の団子
出雲松江のうどん
隠岐西郷のどっさり

尾張名古屋のもか
伊勢四日市のもうか
富田のけい饅頭
鳥羽の走りがね
古市《ふるいち》のあんにゃ
近江のそぶつ
山城京壬生《みぶ》のから茶釜
摂津大阪の湯もじ、手叩き、もぐり
堺のふんばり
兵庫のちゃら拾銭
神戸の白首《しろくび》
丹後のしやらかう
長門萩のかごまはし
下関の手拍、白湯もじ
紀伊和歌山のおくじま
丸木（鬼）のどんでれがん
三木島のさんやれ
大島の章魚《たこ》

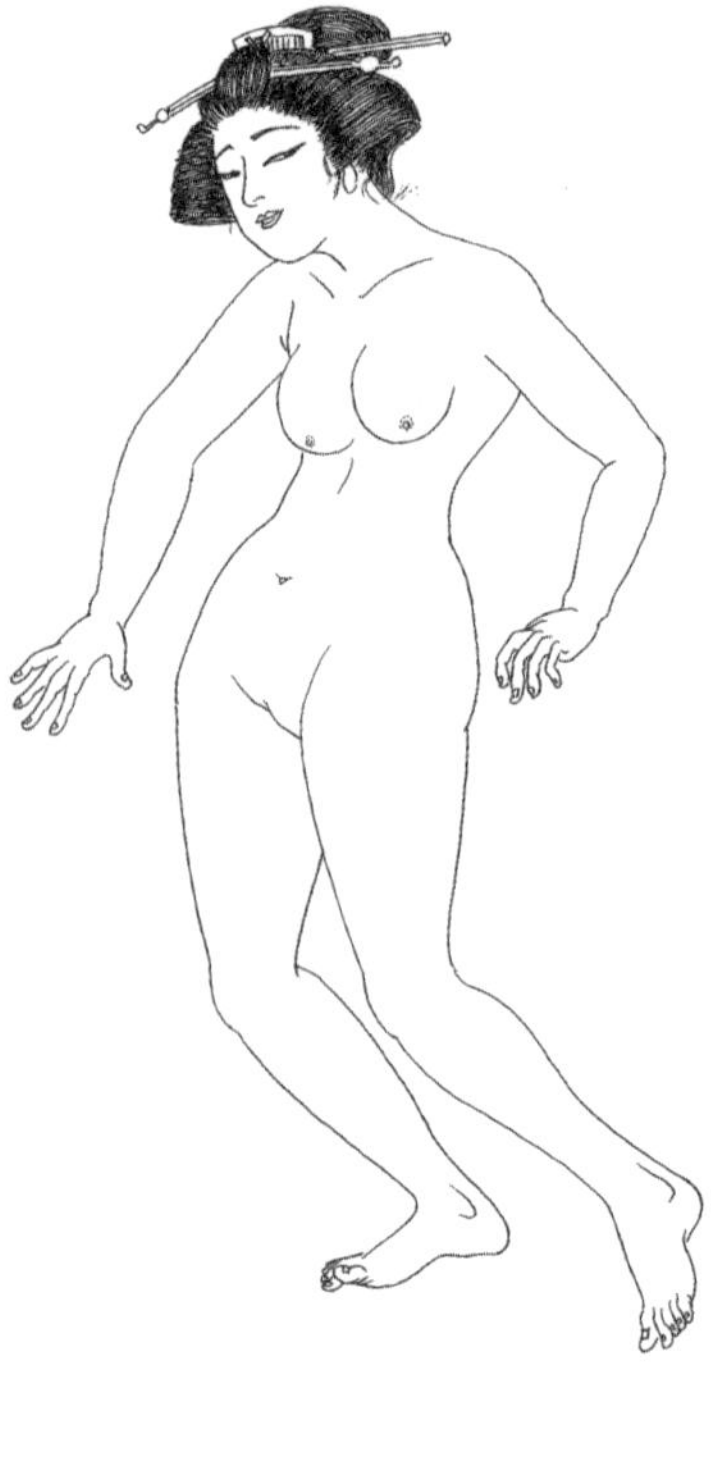

土佐高知の切見世《きりみせ》
越前博多の百文屋
越後若津の栗餅
肥前長崎のはいはち、少女子性、よもや縮緬、黒縮緬、白縮緬、とうびい
唐津ののす呼子、のうけいうん
肥後のきぶし
薩摩鹿児島のはいだこ
琉球のあんがあ
陸前仙台萩の浜の草餅
陸中盛岡、宮古のおしゃらく
陸奥津軽深浦のげんぽ
青森のがの字
羽後酒田のこも
土崎の下駄
船川の野牛
能代のはがわ
渡島（北海道）松前の薬罐
等、すべて隠し売女私娼の類であり、街頭の飯盛女も同様である。

〈付三〉春　画

笑い絵、枕絵、おそく図絵、大正頃には洒落て「スプリング・ピクチャー」ともいった。現代では性画という。

世界中の文明国では古代から描かれており、宗教的意味から出発したものもあるが、性文化に伴って欲情昂進の面で描かれるようになった。中国では古代の墳墓にも描かれたが、これは厭勝《まじない》のためである。春画の歴史を説くと優に数冊の書となるから煩を避けるが、日本でも男根女陰崇拝は古代から性器を表現して発展し、奈良時代に作られた唐招提寺金堂内梵天像台座裏にさえ、性器の落書きがあり、「偃息図《おそくず》」にも医学的図として描かれている。

またやや時代が降って『小柴垣草紙』『袋法師絵詞』、男色を扱った『稚子草子』を始めとして、桃山時代から江戸時代初期には、絵巻物形式の春画が多く残されている。

春画とは、これらの絵を中国では『春宮秘戯図』とか『春宵秘戯図』といったのを略したもので、江戸時代の浮世絵師たちの手によって、頗る広く流布した。これらは木版技術の精巧さによって秘密裡に普及し、中には芸術的味わいの深いものもあるが、画家によっては悪どい誇張と格調の落ちる作品も多い。

これらの絵は娘の嫁入道具の中に秘められて、言語で教えられない性教育の絵解きとしたこともあるので、然るべき画家に描かしめたものもある。

だいたい日本画家で依頼される、されないは別として、春画を筆にしない者はなかったであろう。時には上司の御機嫌をとるために贈って、「ご笑覧下され」という意味から「笑い絵」ともいったが、春画を見て顔を顰めるのは心をいつわった道学者のみであろう。春画を好まぬ者はいない筈であるが、文明開化の明治時代でも、春画の公表や発売を禁止とした。

それだけに、陰で描かれた春画は今日では、おびただしい数に上っている。娼妓で繁昌した街や、盛り場では、陰で春画を売る書店や美術商、そして通行人をつかまえて密かに売るポン引等によって、拙劣な表現の春画はかなり売られた。エロ写真の出廻る大正時代においてすら、陰の印刷所で刷られたり、世に認められない日本画家の内職として作られたのである。また富豪の趣味として描かせた春画には、油絵の作もある。

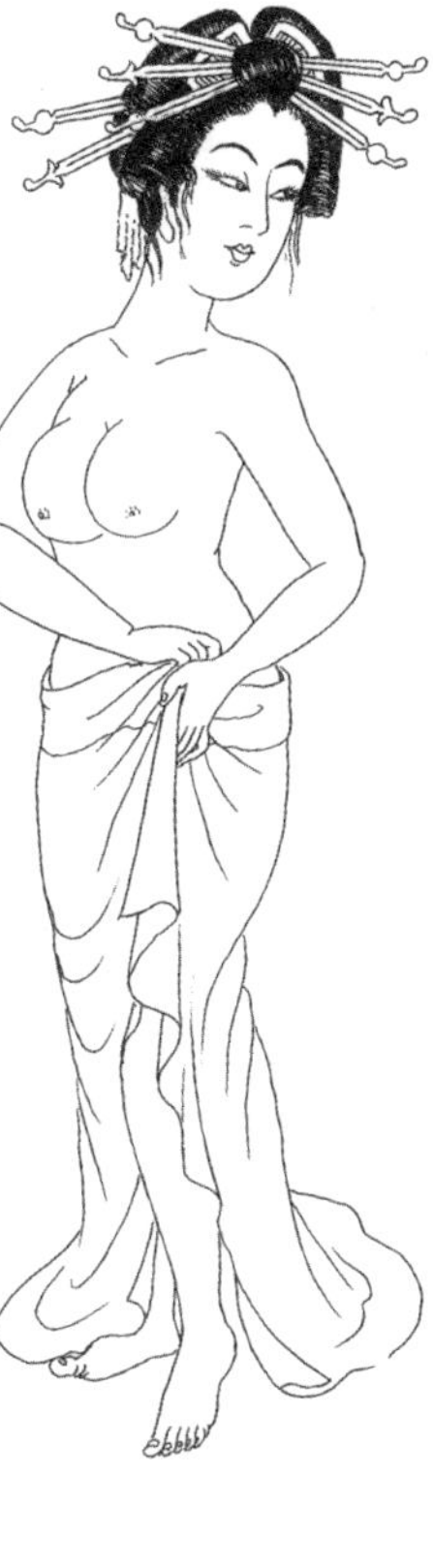

〈付四〉江戸時代色街と売春婦

① 寺社の近くに多い色街

土俗宗教学の面から推理すると、神にお仕えする巫女の中には、神の御告を仲介して御恵みを与えると称して、往々売春的行為を行ったことは古い記録から窺われる。そうした行為は江戸時代頃まで窺われ、大晦日の竈払《かまどばら》いの行事に巫女が往々、飢えた男性の欲望を満たしてくれたりした。

宗教と性に対する幕府の認識は厳しかったが、寺社に参詣する男の信者には往々参詣を名目に物見遊山的な気分になるので、多くの社寺の付近には料亭・遊所が多く、その傾向はだいたい全国的に及んでいる。

例えば京都伏見稲荷の門前町の泥町《ひじまち》、藤ノ森神社近くの撞木町、八坂神社や清水の近くの祇園、奈良春日大社近くの木辻、大坂住吉神社近くの乳守《ちもり》、広田神社近くの神崎、下ノ関赤間宮近くの稲荷町、博多筥崎宮前の柳町、讃岐（香川県）金比羅宮下の新町、滋賀の日吉神社近くの大津の柴屋町、島根の出雲の美保神社傍の町辺、新潟の弥彦神社傍らの寺泊。敦賀の気比神宮の六軒町、名古屋の熱田神宮傍の宮の宿、静岡浅間神社前の二長町、伊豆三島神社前の一廓は歌にまで唄われた三島女郎衆の一廓、武蔵府中の大国魂《くにたま》神社前の遊女街、東京浅草寺裏の新吉原、信濃国諏訪の諏訪神社傍の高島遊廓、常陸鹿島神宮近くの潮来、陸前（岩手県）塩釜神社前の遊廓等は特に著名で、この他に日本全国至る所の著名の寺社付近には、必ずと言って良いほどの男の遊び場所があり、つまり寺社詣では物見遊山をかねて男の娯楽の対象となっていた。これらは藩によって公認・非公認を問わず、男の性欲を満たす御利益のあった場所である。

江戸時代において皇室の祖神を祀る伊勢の皇太神宮は、伊勢講の勃興により一生に一度は御伊勢参りをするのが誇りであったので、随分団体の詣でや抜参りが流行したが、日常生活から解放された長途のお詣り旅行は男女ともに性の解放の期間でもあり、前記の伊勢古市女郎衆は特に有名で、「伊勢の古市　女郎衆の名所、戻らしやんせよ迷わずに」と唄われたくらいであった。川柳点《せんりゅうてん》に「伊勢まへり大神宮へも寄つて来る」と皮肉られ、皇太神宮詣りは名目だけで、奔放な性の旅が目的であったくらいである。

また亭主が伊勢詣りの留守中に、妻女が間男したりして後に大騒動になった話もいくらもある。

この伊勢古市の女郎衆は全国的の男を引受けて活躍したが、遊女屋ばかりでなく、潜《もぐ》りの売春婦もたくさんいて、これらは俗に「あんにゃ」と呼んだ。以下地方の色々の売春婦の内容を本書で洩れたもののうち、いくつかを増補して見るが、紙数に限りあるから、これも代表的のものだけ挙げておく。

②あんにゃ

まず前項で述べた「あんにゃ」であるが、これは若い女性で名のわからぬ人を呼ぶのに必ず「ねえさん」と親しみをこめて呼ぶのが普通であるが、伊勢古市あたりは全国的に人が集まるので、若い女性を呼ぶのに「ねえさん」という言葉を地方語で「あんにゃ」と呼んだ。これがこの土地では売春婦の代名詞になり、伊勢では「あんにゃ」と呼び、一般女性に対しては呼ばない。古市あたりは遊女・花魁とか女郎と言わずに「あんにゃ」といったのは親称をこめた語であるが艶女とも書いて「あんにゃ」とも読ませている。『俚言集覧』には「あにやう阿娘の呉音なり。伊勢の俗語ではあんにやをあにやうと訛りなるべし、よって娼伎をあんにやと言へり、龍図公案に土娼只呼二娘子一と言へる如し」とあり「娘さん」の意から出たともしているが、いずれにしても「ねえさん」の訛りであろう。

③よね

遊女売春婦の異名で、この語にも諸説あり、夜寝、妖姉、米、お子女《こめ》等の当字を用いている。江戸時代に流行した売春婦の異名で、江戸吉原でも陰語として用いられた。

『洞房語園』には出羽国（山形県）酒田に「よね」と名乗った美しい女性がいたので、この名を美妓に用いたのが始まりだと記しているが、『俚言集覧』では夜寝と書くのが本当で宿《やど》る意だとしている。また一説には「よね」とは女陰の古い名称から来た語とし、『好色伊勢物語』には「若《わか》よね、美しき姿を呼びて言ふ。ある書に米と書きてぼさつとよめり。菩薩の如く美くしきをいふことぞ」とあるのは少々虚実付である。

また元禄二年（一六八九）刊行の『新吉原常々草』には「よね」は遊女の異名で、その註に「いろは歌」を引用して「よたれそつね」の語の、初めの「よ」と、終りの「ね」を繋いでよねといった。この六文字の「よ」と「ね」を除くと「たれそつ」となり、「たれそつ」とは朘《ひじ》を挟む（四字を挟む）の意で、ひじは男根の意であると説いている。男根を挟むのは女陰であるから、女陰は「よね」であり、女陰で仕事をするのは遊女すなわち売春婦であるから遊女のことを「よね」といったのであるという、仲々凝った解説をしている。

とすれば吉原の遊女に限らず、売春婦はすべて「よね」という陰語が通じることになる。

また「よね」とは女陰の古語詞で米《こめ》の形が女陰に似ているので、それを用いて男に接する商売の女の意から来たともいわれ、売春する妖姉だから、妖姉と書いて「よね」と読ませたとも、夜寝て客に接したから「よね」と言うようになったともいっている。こうした理屈から言うと「おめこ」（女陰）は「お子女《こめ》」と遊女を呼んだことも頷かれる。

④きつね

遊女は人を誑《たぶら》かして稼ぐから狐にも譬えられ、達者な売春婦を「ふる狐」等といっている。きつねの語源は「来つ寝よ」と『万葉集』にもあり、『日本霊異記』『伊勢物語』『和名類聚抄』等に記されているが、狐が美女に化けて男を誑らかす話は中国から伝わったもので、『五雑俎』に「狐《きつねは》陰類也《いんるいなり》　得レ陽《ようをえて》乃成故雖《すなわちなるゆえに》二牡狐《おすぎつねといえども》一必托《かならず》二三女《さんじょにたくす》一以惑《もって》二男子《なんしをまどわす》一」の思想がそのまま信じられ、大江匡房の『狐媚記』をはじめ、日本でも古来狐が美女に化けて人と接した話は江戸時代までに枚挙に隙がないくらいある。きつねの語源にしても「来つ寝よ」から来たもので、美女に化けて「ここに来て共に寝ましょう」と言ったことから名付けられている。

したがって男をさそって来て美女に化けた狐と共に寝たことから出た言葉であるから、遊女の立場とよく共通しているので、売春婦を「きつね」の異名で呼ぶのはごく自然である。

花を見る道のほとりの古狐
　かりの色にや人惑ふらん

という古歌も狐も遊女も行為が同じで、江戸の川柳子も

穴を出て山谷でそだつ狐の子

山　猫

と揶揄している。故に遊女の異名を狐に譬えて「こん吉」、こんは狐の鳴声で、化粧して手練手管で客を誑して稼ぐ遊女の仇名にふさわしく、遊女は獣類でないから、「尾無狐」とも仇名された。

⑤山猫

山猫とは京都や江戸に出没した芸妓の売春を主とした者をいうが、すべての売春芸妓に対してではなく、地域的にそう呼んだらしい。喜田川季荘の『近世風俗志』第十九編　娼家上の項に、

芸子の一種也。祇園社背に在り。故に山猫と目す。三絃の皮猫皮を良とす故に三都とも弾妓を異名して猫と云。常の方言也。東山に住む弾妓なる故に山猫と云也。或書の江戸深川仲町のことを云な條下に山猫と云も、此国の類属也。人往て呼レ之は乃ち来る。常に何所に在りと云ふ事を知らず、北国の如き立引の法なり、志薄し、遠国他郷の人帰帆する時は船を出して送る云々

とあり、山猫とは芸者でありながら、客の求めに応じて売春する者を指して言った。本来芸妓は客の需めに応じて遊芸を披露する職業で、吉原に住む芸者は売春が固く禁じられ、違反すれば吉原から追放された。それで江戸各所に芸者街ができて、遊芸以外に売春も行なうようになり、後には芸妓買いと言えば売春を目的とするように誤解された。

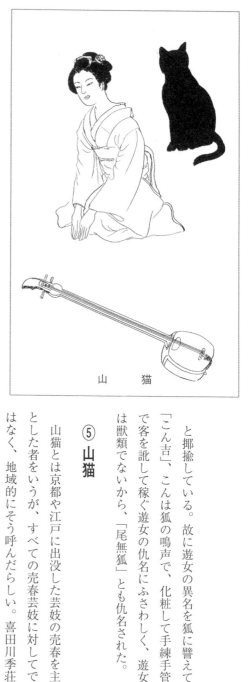

羽織芸者

右の文の中の三都とは京都・大坂・江戸の都市を指したものである。芸妓を猫というのには諸説あるが、芸妓の弾く三味線の胴の皮が猫の皮を使うから、暗号として芸妓を猫といったとも言い、また芸妓がちんまり座っている姿が猫の座った姿に似ているからとも言われている。明治の御維新に大功あった地方藩の下級武士が急に高位高官になって、芸子を招んで豪遊し、田舎気質丸出しにして、芸子を見降したので、江戸ッ子芸者は暗に軽蔑する気持から、「猫ぢゃ、猫ぢゃと、仰言ますが、猫が下駄履いて、傘さして、絞りの浴衣で来るものか。オッチョコチョイノ　チョイ」と唄って揶揄したが、成上りの高官にはその皮肉が通ぜず磊落に笑って酒興を添えていた。

山猫というのは、京都では祇園社の近くの東山辺に住んでいたからともいうとも、寺僧がよく買ったから（寺は何々山何山寺と称する）とも諸説あるが、売春芸妓の異名である。

⑥ 羽織芸者

羽織とは着物の汚れを防いだり、寒さ防ぎのために、着物の上から「はおる」ので言い、正式の服装ではない。身分の低い武士が裃《かみしも》の代わりに着用して外出したが幕末頃から羽織も正装代りに着用することが許されるようになり、正装を現代でも羽織袴といっている。

公認の遊女や粋な芸者は故に羽織を用いない。着物と帯が露出することは衣装に凝らねばならぬから費用がかかる。故に安価の芸妓は着物・帯の安物で贅をこらすことができぬので、羽織を着て客席に出た。それがまた粋に見えて流行したので羽織芸者と呼び歓迎された。やがて芸者は羽織を着るのが粋に思って着るようになったので、後には芸者を呼ぶのに「羽織を呼びましょう」等と代名詞になった。

羽織芸者の元は深川である。深川芸者は芸者証文と売春証文の二枚証文を抱主に入れるので、売春芸者を羽織芸者ともいった。

盆　姫

⑦ 盆姫《ぼんひめ》

京都・大坂地方では貸席・待合の類を盆屋といった。『近世風俗志』第十九編　娼家上にも、

京坂にてぼんや、江戸にて出合茶屋と云、京坂官許非官許の遊女町ともに呼屋と云茶屋の小戸なるものの中に兼二行之一也《これをおこないかねるなり》　呼屋とても皆必らず不レ兼レ之《これをかねず》大略兼レ之者《たいりゃくこれかねるもの》半《なか》ばに近し、密通の会合所也《かいごうしょなり》。京坂の盆屋は揚屋茶屋《あげやちゃや》呼屋《よびや》ともに掛行燈《かけあんどん》は同《おなじ》けれ共盆屋を兼るものは必らず家名を大書したる肩に、かし座敷と細書あるもの是也。盆代とて席料は一会大略《いっかいだいりゃく》二百銭、一夜泊四百文也。酒食等は需《もとめ》に応じて他より取来《とききた》るなり。此価《あたい》は別也。又客の人品により定制より席料多く与ふるもの多し。此盆屋は戸口に入れば直に二階に上がる段梯子を構えたり、二階には昼夜ともに大小蒲団と枕二ツは席毎に出し、有レ之当家の者妄りに二階へ上らず、茶ぐは男客自ら運《はこぶ》也《なり》。烟草盆《たばこぼん》ともに多客より命ずれば上り来る也

とあり、江戸の出会茶屋《であいぢゃや》、広範囲でいう待合で、場所貸と茶代、客の要求による酒食を注文して出す密会場所提

供業である。明治以降東京で流行した曖昧屋と同じであるが、明瞭に家名を書いた行灯を門口に掛ける待合で、茶を入れた盆と烟草盆を先ず差出すから盆屋といい、こゝへ客をくわえ込む売春婦を盆姫というのである。江戸は借座敷代一分から二朱程であるから京坂より高い。客をくわえ込む売春婦もあれば、良家の子女の密会にも使われる。

⑧ 板橋の底叩き

板橋宿は江戸に入る中仙道の中継基地で、一休みする宿場であるので、飯盛女という名目の遊女のいる宿屋があった。『天言筆記』の「色里十八ヶ所巡礼御詠歌」第十七番札所に擬して「板橋山中仙堂《いたばしさんちゅうせんどう》　本尊飯盛杓子如来《いいもりしゃくしにょらい》、御初穂《おはつほ》五十文」と記され、この宿の飯盛女のサービスは万点で、酔い潰れた客を介抱までする親切さで、客も気前よく財布の底をはたいてまで使いきるので、「底叩き」の異名を生じたのである。

板橋の底《そこ》叩《たた》き

⑨ 茶摘女

江戸時代に大坂の私娼が、茶の芽時に昼間の内職として紺絣の木綿衣尻端折に手甲や赤前垂、脚絆に、頭に手拭をかむって、茶園の茶摘みの内職をし、列んでいる男衆にモーションをかけたり、夜の予約を取ったりした。したがって男の注目を引くように薄化粧に口紅を塗ったりして昼のアルバイトをした。そして夜は寄席に出て祭文語り等

把《は》針《しん》兼《がね》

をして客の注目を引き、男が誘うような風に仕向けて売春した。綿摘女とともに仲々働きのある女性達である。

⑩ 把針兼《はしんがね》

志摩の鳥羽の港には輸送の大船が入港すると船頭、水夫《かこ》達はしばらく女性に飢えているので港町の遊女屋に入った。そこで街の遊女は大船が入港すると小船を漕ぎ寄せて、要求によって停泊中の男の面倒を見る者を把針兼といった。性の対応から炊事・洗濯・衣服の破れのつくろいまで行った。一時の女房役を勤めた者をいう。

『物類称呼』に記され、その註に、

鳥羽は港なるにより、はじるとは船人の祝詞なり

とあり、『俚言集覧』にも、

はしんがね、志摩国の港の賎女ハシンガネと言ふものあり。針仕事を兼ねるといふ意であるを、走り金という

とあり、売春・雑用・船頭の出張先での臨時女房役までするから、船頭達にとっては便利な存在であったのである。

⑪ 傀儡《くぐつ》

傀儡は古代からいたらしい漂泊民族の流れで、平安時代の大江匡房の『傀儡記』にその生態が詳しく記されている。男は曲芸・狩をしたり、戦に雇われて武芸に長じ、女は傀儡人形を舞わしたり、酒宴に招れれば酒席に侍って男の要求にも応じ、物事に執着せず気ッ腑の良さは好まれたが一定の土地に定住せず宿ることができなければ川辺に瀬降《せぶり》した。

江戸時代頃まで流浪の生活をしたが、女性は宿駅で長者や好色男子の相手をしたから一種の遊行売淫婦である。

⑫ 馬糞女郎

四谷の内藤新宿は江戸への出入口の宿場町で、馬の立て継ぎ場所でもあったので乗馬・駄馬が多いので、街筋には常に馬糞が散乱していた。そうした旅人の出入りの激しい所であったから飯盛女としての娼婦は黙認されていたが、事件があって禁止された。しかし飯盛雇女の存在は必要であったので明和九年（一七七二）に禁止が解けて、飯盛女という名目でも歴然と女郎屋の一廓ができた。人馬の往来激しくて馬糞だらけなので、ここに働く女性を馬糞女郎と軽蔑して呼ばれた。『天言筆記』に

色里十八ヵ所巡礼詠歌　第十六番四谷《よつや》山新《さんしん》宿寺《じゅくじ》、本尊吸付《すいつき》鮹《たこ》薬師《やくし》如来《にょらい》、御開帳金二朱

と記され有名な性の吐け口であった。馬糞臭

馬糞女郎

い女郎の印象があったがかなり繁昌し、旗本鈴木主水が遊女白糸と事件を起こして一層有名になった。

⑬ 尼出《あまだし》

尼とは歌比丘尼と同じで、尼の坊主頭に魅力を感じた好色家が買った出張売春である。

⑭ 腰元出《こしもとだし》

大名や大身の武士に仕える腰元等の姿をしてもったいつけて好色家や独身者の家に入り込んで売春した連中をいった。

昆布巻芸者

⑮ 昆布《こぶ》巻芸者

女芸者は本来遊芸で酒興を助けるのが本業で売春は禁じられていたが、蔭で客の要求に応じていたことはすでに述べたとおりである。江戸時代末期になると男衆（箱屋といって芸妓の三味線箱を持って従いてくる役）が、しっかりと着物を着せて帯を緊く締めるので、客の要求に対して帯を解くと、あとで帯をしっかり緊められない。そこで帯を締めたまま裾だけめくって客の需めに応じた。その形が昆布を干瓢を煮たもので巻いたのに似たのでいう。

⑯ **章魚女《たこめ》**

三重県熊野浦の潮の岬の大島は潮流が激しいので、往々に碇泊し、その部落に章魚女という接客婦が待機していた。船頭、水夫達は碇泊中にこれらの女を買ったが、吸付くようなテクニックを弄するので章魚女と呼ばれていた。

⑰ **八兵衛《はちべえ》**

下総（千葉県）の船橋の飯盛女の異称で、客の相手をして売春を誘って「しべえ、しべえ（淫事をしよう、しよう）」といったので八兵衛と仇名が付けられたという。

八　兵　衛

⑱ **おじゃれ**

『皇都午睡』に「大津に四の宮柴屋町八丁の招婦《おじゃれ》」と記され、「おじゃれ」は「おいで」と招く語であるから宿の飯盛女に「夜になったらおじゃれ」と声を掛けると寝た頃を見計らって来るので付けられた名という。

よもや縮緬《ちりめん》

⑲ 応来《おうらい》芸者

明治の御維新から急速に西欧文化を摂り入れ、会話にも知識人はやたら英語を用いて得意がったのは今日と同じである。明治十年（一八七七）頃には遊客に接する芸妓すら洋語を交えたので、客が売春を需めると速座に英語でオール・ライト（all right）と答えて応じたので、これをオーライ芸妓と呼び、日本流に当字して応来（応じて来る）芸者といった。

即座に売春に応じるが、芸妓の看板を持つだけの淫売婦で、オール・ライト以外の英語の単語は知らないが、モダーン振っていた。

⑳ よもや縮緬

明治初期頃に長崎で、奥様然として丸髷を結い、当時士族や官吏の女房が晴着の上に黒や濃紫染の縮緬の羽織を着て奥様然として外出し、あらかじめ予約していた客の待っている待合等に人力車で乗りつけた。高級な奥様が用があって外出したように見せかけているので淫売内職をしているとは近所の人にもわからなかった。高等淫売で、あとで曝露して、あの高級な縮緬羽織を着て人力車に乗って出かけるから「よもや淫売の内職をしているとは知らなかった」と噂する所から名付けられたもので、これは後にも似た例があり、東京浅草あたりでは高等淫売婦故に、勾当内侍《こうとうないし》・高等内侍ともいわれた。

古書参考目録

古事記
日本書紀
日本霊異記（日本国現報善悪霊異記）
続日本紀
愚管抄
壒嚢抄
古事談
嚶々筆語
大東閨語（艶本）
花の幸《みゆき》（艶本）
今昔物語
将門記
倭姫命世紀
安齋随筆

筠庭雑録
稲荷記
扶桑略記
外記日記
遊女記
傀儡子記
源平盛衰記
徒然草
吾妻鏡
浄瑠璃物語
法然上人絵伝
太平記
病草紙
新古今集

仮名手本忠臣蔵
七十一番職人尽歌合
二条河原落書
慕帰絵巻
受法用心集
宝鏡抄
倭名類聚抄
山家集
東の道の記
近江輿地誌略
百人女﨟
平家物語
北条五代記
信長記

慶長見聞集
武江年表
好物訓蒙図彙
守貞謾稿（近世風俗志）
落穂集
好色一代男
異本洞房語園
嬉遊笑覧
吉原細見
青楼年中行事
傾城買談客物語
日本奴隷史
吉原つね〳〵草
半日閑話
古川柳
風流志道軒伝
艶道通鑑
諸芸大鑑
塵塚談
寛天見聞記
江戸鹿子
好色一代女
耳袋
当世武野俗説
俗枕草子
傍廂
浮世草子
風流徒然草
娘気質
羇旅漫録
壬戌羇旅漫録
東海道名所記
近世軌跡考
開談遊仙伝
天和笑委集
文芸倶楽部
東京近郊名所図
暮の素顔
ほか

■著者紹介

笹間 良彦（ささま よしひこ）

1916年、東京生まれ。文学博士。

日本甲冑武具歴史研究会会長を務め、『図解日本甲冑事典』『甲冑鑑定必携』『江戸幕府役職集成』『足軽の生活』『歓喜天信仰と俗信』『弁財天信仰と俗信』『好色艶語辞典』（以上、雄山閣刊）ほか、著書多数。

緻密な取材、調査からなる文筆とともに、詳細に描かれたイラストは臨場感を伴いながら、写真では再現できない時代を描写することで定評がある。

2005年11月逝去。享年89歳。

1996年5月 5 日　第一版第1刷発行
2002年6月30日　増補版第1刷発行
2018年6月30日　第三版発行

《検印省略》

図録《ずろく》 性《せい》の日本史《にほんし》【第三版《だいさんぱん》】

著　者　笹間良彦
発行者　宮田哲男
発行所　株式会社 雄山閣
東京都千代田区富士見2-6-9
TEL　03-3262-3231 / FAX　03-3262-6938
URL　http://www.yuzankaku.co.jp
e-mail　info@yuzankaku.co.jp
振　替：00130-5-1685

印刷・製本　株式会社ティーケー出版印刷

Printed in Japan 2018
ISBN978-4-639-02592-4 C0036
296p　21cm